KB067340

"진짜 원어민들이 자주 쓰는 회화 표현이
기초 동사 몇 개로 다 정리된다니!
이젠, 회화 표현들이 저절로 떠올라서,
영어로 말하는 게 망설여지지 않는다!"

-40대 중반 영포자-

목차  생활영어 편

목차 여행영어 편   37일 완성!

매일 10분 기초 동사만으로
영어회화가 된다?!

66 원어민들은 쓰는 말만 쓴다 99

미국의 언어학자 조지 지프 (George Kingsley Zipf)는 사람들이 매일 사용하는 말들의 빅 데이터들을 분석해 본 결과, 놀라운 사실을 알게 됐다.

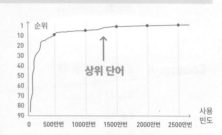

사람들이 사용한 단어들을 빈도에 따라 나열해보면, **자주 쓰이는 소수의 단어들이 말의 대부분을 차지한다**는 것이다! 그는 이를 지프의 법칙(Zipf's law)이라고 이름 지었는데, 결론은 간단하다. 원어민들은 '쓰는 말만 쓴다'는 것이다.

이 책에서 소개할 기초 동사들(생활영어 26개, 여행영어 27개)도 원어민들이 실생활에서 매일같이 쓰는 동사들을 엄선한 것이다. 구체적으로, 4억 5천만 단어로 이루어진 빅 데이터에서 적어도 10만 번 이상 쓰인 동사들을 고르고 골랐다. 원어민처럼 일상 회화를 할 수 있게 해주는 엑기스 동사인 것이다.

66 쉬운 말 = 언제 어디서나 쓰는 말 99

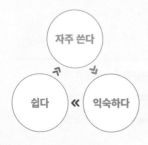

가만 보면 원어민들은 일상생활에서 쉬운 기초 동사를 유독 많이 쓴다. 생각해보면 당연하다. '쉬운' 동사란 사실, 언제 어디서나 자주 쓰여서 **'친근하게, 익숙하게 들리는'** 동사들이기 때문이다. 게다가 이러한 기초 동사들은 대부분 '가성비'가 높은 동사들이다. 하나의 동사에 여러 의미가 있어서, **다양한 상황과 맥락에서 유용하게 활용할 수 있다**는 것이다. 그렇기에

이 동사들이 어떤 맥락에서 어떤 의미로 사용되는지만 제대로 익히면, 당신도 충분히 원어민스럽게 일상의 영어를 구사할 수 있다.

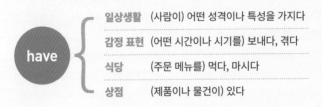

have	일상생활	(사람이) 어떤 성격이나 특성을 가지다
	감정 표현	(어떤 시간이나 시기를) 보내다, 겪다
	식당	(주문 메뉴를) 먹다, 마시다
	상점	(제품이나 물건이) 있다

"맥락을 알면 의미가 보인다"

기초 동사들이 다양한 의미를 갖고 있다고 겁먹을 필요는 없다. 굳이 외우려고 할 필요가 없기 때문이다. 아래 예시를 보자.

식당에서 주문할 때

I'll **have** a chicken steak.
치킨 스테이크 가질게요. » 치킨 스테이크 **먹을게요.**

쇼핑할 때

Do you **have** this product?
이 제품 가지고 있어요? » 이 제품 **있어요?**

'have'의 의미가 각각 다르게 사용되었지만, 주변 맥락이나 상황만 살펴보아도 그 의미가 쉽게 짐작이 된다. 상황과 맥락만 잘 상상할 수 있어도, 다양한 의미를 지닌 기초 동사들을 쉽게 익힐 수 있는 것이다. 상황을 뚜렷이 이해할수록 기초 동사의 의미를 정확히 짚어낼 수가 있다.

훈련 매뉴얼

1 상황별 동사 활용법 학습

각 DAY에는 기초 동사 1, 2개가 소개된다. 기초 동사의 다양한 의미 중에서도, 챕터에서 다루는 상황 맥락에서 가장 자주 사용되는 의미와 활용법이 해설되어 있다. 각 설명을 읽고, 기초 동사의 상황별 활용법과 대표 표현들, 함께 자주 쓰이는 단어들을 한데 묶어 기억하자.

머릿속에 기초 동사의 상황별 의미 서류철을 만든다고 생각하면 쉽다. 예를 들어 사무실에서 사용되는 'get'은 '연락을 받다, 하다'라는 의미로 자주 쓰는데, get이라는 서류 뭉치에 '사무실, 전화 통화 상황 - a call, the phone, a hold of' 등의 내용을 엮어 두면 된다.

2 상황 회화로 맥락 파악

주어진 두 쌍의 대화문을 읽고, 각각의 상황에 알맞게 기초 동사를 활용하여 영문장을 만들어 넣어보자. 기초 동사의 상황별 활용법을 실전 상황에서 직접 훈련해본다고 생각하면 쉽다. 표지의 QR코드를 통해 원어민 MP3 음원을 다운로드하여 들어보면, 대화문의 내용을 영화 속 장면처럼 머릿속에 생생히 떠올릴 수 있다.

6

Step

3 동사별 문장 훈련

페이지를 넘기면 그날 배운 기초 동사들을 활용한 문장 훈련 코너가 나온다. 일상생활에서 원어민들이 가장 자주 쓰는 표현들, 유용하게 활용할 수 있는 표현들을 모아두었다. 이 실전 표현들을 통해, 기초 동사의 상황별 활용법을 직접 문장을 만들어보며 훈련해보자. 원어민 MP3 음원을 함께 들으며 억양까지 흉내 내보면 학습 효과가 배가 된다.

실전 상황에서 즉석으로 영작할 수 있도록 훈련하는 단계인 만큼, 끊임없이 '실제 내가 외국에서 그 상황에 처한다면 어떻게 말해야 할까?' 라고 자문하고 상상하며 훈련해보자.

Step

4 App으로 반복 학습

교재와 함께 제공되는 어플리케이션을 사용해 틈틈이 DAY별 실전 회화를 복습하자. 하루에 한 개씩 실전 상황 회화를 학습할 수 있도록 푸시 알람이 온다. 한글 해석을 직접 타이핑 해영작하고 기억이 나지 않을 땐 MP3를 들으며 받아쓰기 해 보자.

Step

5 상황별 동사 활용법 정리

모든 DAY를 마치고 나면 부록 '기초 동사 활용 한눈에 보기' 코너를 공부해보자. 앞서 배운 모든 기초 동사들의 상황별 활용법이 정리되어 있다. 기초 동사들을 적재적소에서 자유롭게 쓰게 된다면, 어느덧 네이티브의 영어 실력에 가까이 다가가 있을 것이다.

"영어회화를 잘하는 것은
어려운 영어를 쓰는 것이 아니다.

실제 원어민들이 사용하는 **대부분**의 영문장은
자연스럽고 쉬운 영어로 이루어져 있다.

❝ 매일 10분, 기초 동사를 마스터해라! ❞

어느새 영어회화의 말문이 터지고,
네이티브 같은 영어표현들이 막힘없이 나온다."

Chapter 1

일상생활에서 1

7개 기초 동사면 영어로 원어민과 일상 회화를 할 수 있다!

I'll just **take** a rain check.
그냥 다음을 기약할게.

Let's not **make** a fuss of this.
이런 일로 법석 떨지 말자.

I'll **give** it a shot.
한번 해볼게.

make & take

make

85.7만번

'만들다'라는 뜻의 쉬운 동사이지만, 'make some time 시간을 만들다 → 시간을 내다'와 같은 회화 표현들에서 비유적으로 쓰인다. '(행동을) 하다'라는 뜻도 있는데, 결과적으로 어떤 행동을 하게 됐다·만들어냈다는 뉘앙스이다.

◔ 만들다

Would you **make** some time for him tonight?
오늘 밤 그에게 시간 좀 내주겠니?

Tim wants to **make** up for last night.
팀이 어젯밤 일을 만회하고 싶어 해.
➕ make up for 만들어 채우다 → 만회하다

◔ (행동을) 하다

I don't want to **make** excuses anymore.
더 이상 변명하고 싶지 않아.

Everyone **makes** mistakes.
누구나 실수를 하지.

take

67만번

'취하다, 가지다'라는 뜻의 동사. 'take a rain check 다음 기회를 취하다 → 다음을 기약하다'와 같이 비유적으로 많이 쓴다. 역시나 '(행동을) 하다'라는 뜻이 있는데, 어떤 행동을 시작한다·착수한다는 뉘앙스일 때가 많다.

◔ 취하다, 가지다

I'll just **take** a rain check.
그냥 다음을 기약할게.

Can't he just **take** the hint?
걔는 그냥 눈치를 좀 챌 수 없니?

◔ (행동을) 하다

Just **take** a walk with him.
걔랑 산책이라도 해.

Scene #1 어젯밤엔 정말 미안했대…

A Joan, 팀이 어젯밤 일을 만회하고 싶어 해.
Would you **make some time** for him tonight?

B Ugh… I don't think I can **make it**.
그냥 다음을 기약할게.

A OK. Let's just let it lie, then. ● let it lie 내버려 두다
But, you'll be sorry later… ● you'll be sorry 너 후회할걸

해석 A 조앤, Tim wants to make up for last night.
오늘 밤 그에게 시간 좀 내주겠니?
B 으… 난 못 갈 것 같아. I'll just take a rain check.
A 알겠어. 그럼 일단 내버려 두자.
하지만 너 나중에 후회할걸…

Scene #2 오늘 밤엔 좀 만나주라!

A Joan, what's the point of avoiding Tim? ● the point 의미, 소용
Just **take a walk** with him.

B Ugh. 더 이상 변명하고 싶지 않아.
걔는 그냥 눈치를 좀 챌 수 없니?

A But, what's wrong with just talking with him?

B Why are you **taking his side**? ● take one's side ~의 편을 들다

해석 A 조앤, 팀을 피하는 게 무슨 소용이야?
걔랑 산책이라도 해.
B 으… I don't want to make excuses anymore.
Can't he just take the hint?
A 하지만, 그냥 걔랑 얘기하는 게 뭐 어때서 그래?
B 너는 왜 걔 편을 드는 거야?

11

make 문장 훈련 💬

❍ 만들다 make + 무엇
❍ (행동을) 하다 make + 결과 · 행동

---

01 고마워, 네 덕에 하루가 행복해졌네!

↳ Thanks, you **made** my day!

➕ make *one's* day (누구의) 하루를 행복하게 만들다

....

02 어떻게 생활비를 버시나요(=어떤 일을 하시나요)?

↳ How do you **make** your living?

....

03 이런 일로 법석 떨지 말자.

↳ Let's not **make** a fuss of this.

☑ fuss 법석, 소동
➕ make a fuss 유난을 떨다 = make a big deal

....

04 그는 그저 궁색한 변명을 하고 있어.

↳ He is just **making** lame excuses.

....

05 네가 해냈어!

↳ You **made** it!

➕ Can you make it to my concert today? 오늘 내 콘서트 올 수 있니?
   장소와 쓰인 make it은 '가다, 도달하다'의 의미

....

06 너 지금 큰 실수를 하고 있는 거야.

↳ You're **making** a huge mistake.

☑ a huge mistake 큰 실수 ☑ a minor mistake 작은 실수

....

take 문장 훈련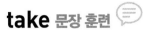

● **취하다, 가지다** take + 무엇
● **(행동을) 하다** take + 행동

---

07 난 짧은 휴식을 취할 거야.

↳ I am going to **take** a short break.

....

08 서두를 것 없어, 그러니 (천천히) 시간을 갖도록 해.

↳ There's no rush, so **take** your time.
☑ rush 서둘러야 하는 상황

....

09 우리의 시끄러운 이웃에 대해 조치를 취해야겠어.

↳ We need to **take** action against our noisy neighbor.
☑ against ~에 대하여   noisy 시끄러운
⊞ take the first[next] step 첫[다음] 걸음을 내딛다

....

10 따뜻한 물로 목욕하는 건 네가 자는 데 도움이 될 거야.

↳ **Taking** a warm bath will help you sleep.
⊞ take a shower 샤워하다   take a walk 산책하다

....

11 심호흡하고 진정해.

↳ Just **take** a deep breath and calm down.
⊞ take a bite 한 입 베어 물다   take a sip 한 모금 마시다

....

12 얘들아! 이 영화 포스터 좀 봐!

↳ Guys! **Take** a look at this movie poster!

....

make

85.7만번

make는 '~하도록 시키다'라는 뜻의 사역동사로도 자주 쓰인다. 보통은 원치 않는 일을 하도록 강요하는 뉘앙스이다. 'Make yourself at home. 편하게 있으세요.' 혹은 'What made you ~? 어쩌다 ~하게 되었니?'와 같은 회화 표현에서도 쓰인다.

~하게 시키다

Dad **made** me do the dishes again.
아빠가 또 나를 설거지하게 했어.

What **made** you stay up all night?
무엇이 너를 밤새우게 만들었니?

Make yourself at home.
스스로를 편하게 해(=편하게 있어).
➕ at home 집에 있는 = 편안한

get

99.2만번

기본적으로 '얻다'라는 뜻이지만, 'get some sleep 잠을 좀 얻다 → 눈을 좀 붙이다'와 같이 비유적으로도 자주 쓰인다. '~하게 하다'라는 뜻의 사역동사로도 자주 쓰이는데, 어떤 일을 '하도록 만들다·유도하다'라는 뉘앙스이다.

얻다

I didn't **get** a wink of sleep.
나 한숨도 못 잤어.

She **got** a good grade on the test.
그녀는 시험에서 좋은 성적을 받았어.

~하게 하다

Don't **get** me started on my brother.
남동생 얘기를 시작하게(=꺼내게) 하지 마.

I don't **get** my hopes up anymore.
나는 더 이상 내 기대를 높이지 않아(=기대 안 해).

Scene #3 왜 맨날 나만 설거지야?!

A Ugh, 아빠가 또 나를 설거지하게 했어.

B Why is it always you?
Can't you **make your little brother do that**?

A 남동생 얘기는 꺼내게도 하지 마. ❷ started (잔소리 등) 발동이 걸린
I don't **get my hopes up** anymore.
Maybe I'll just let 'sleeping' dogs lie.

❷ let sleeping dogs lie 긁어 부스럼 만들지 않다

해석 A 윽, Dad made me do the dishes again.
B 왜 항상 너야? 네 남동생 시키면 안 돼?
A Don't get me started on my brother.
더 이상 기대도 안 해.
그냥 '잠자는' 개들은 내버려둘까 봐(=긁어 부스럼 만들지 않을래).

Scene #4 밤새 게임을 했더니…

A Hey, can I **get some sleep** here?
나 한숨도 못 잤어 last night.

B Oh, yeah. But, **what made you stay up all night**?

A Just... games and stuff. ❷ ~ and stuff ~나 그런 것들

B Oh, well, 편하게 있어.

해석 A 이봐, 여기서 좀 자도 될까?
어젯밤에 I didn't get a wink of sleep.
B 오, 그래. 근데, 왜 밤새우게 된 거야?
A 그냥... 게임이나 그런 거.
B 오, 그래, make yourself at home.

make 문장 훈련 💬

---

01 엄마가 내 방을 청소하게 시켰어.

↳ Mom **made** me clean my room.

➕ twist *one's* arm ~의 팔을 비틀다 → ~에게 강요하다

....

02 톰이 꽃병을 깨고 나에게 잘못을 뒤집어씌웠어요.

↳ Tom broke the vase and **made** it my fault.

☑ vase 꽃병 fault 잘못
➕ make it *one's* fault ~에게 잘못을 뒤집어씌우다 = put the blame on ~

....

03 날 그만 화나게 하는 게 좋을걸.

↳ You'd better stop **making** me upset.

➕ drive *one* crazy ~를 환장하게 만든다

....

04 무엇이 너를 이곳에 오게 했니(=어쩐 일로 왔니)?

↳ What **made** you come here?

....

05 어서 오세요. 편하게 계세요.

↳ Welcome. Please **make** yourself at home.

☑ at home 집에 있는 = 편안한

....

06 제발, 이렇게까지 하고 싶진 않아.

↳ Please, don't **make** me do this.

➕ Don't make me do this. 내가 이렇게까지 하게 하진 마.

get 문장 훈련

● **얻다** get + 무엇
● **~하게 하다** get + 무엇 + ~하게

---

07 주치의로부터 흡연에 관해 긴 훈계를 들었어.

↳ I **got** a long lecture about smoking from my doctor.

☑ lecture 훈계, 잔소리
☐ learn *one's* lesson (중요한) 교훈을 얻다

....

08 요새 충분히 못 자고 있어요.

↳ I'm not **getting** enough sleep these days.

....

09 중국인이냐고요? 아뇨, 하지만 그런 소리 많이 들어요.

↳ Am I Chinese? No, but I **get** that a lot.

....

10 윽... 그가 정치 얘기를 꺼내게 하지 마.

↳ Ugh... Don't **get** him started on politics.

....

11 그는 너무 허세를 부려서 스스로를 곤경에 처하게 했지.

↳ He **got** himself in trouble by bluffing too much.

☑ bluff (좋은 패가 있는 척) 허세를 부리다

....

12 초인종은 맨날 내 개를 흥분시킨단 말이야.

↳ The doorbell always **gets** my dog excited.

☑ excited 흥분된
☐ carried away 몹시 흥분한

....

17

일상생활에서 1
go & get

go

115만번

'가다'라는 뜻의 동사. 이미 아는 쉬운 동사인 것 같겠지만, to 이외의 다양한 전치사와 함께 사용할 줄도 알아야 진짜 제대로 써먹을 수 있다. 또한, '어떠하게 되어버리다'라는 뜻으로도 자주 쓰이는데, 대부분 부정적인 의미이다.

◎ 가다

Can you **go for** a drink tonight?
오늘 밤 한잔하러 갈 수 있어?

I just **went along** with her game.
난 그녀의 게임에 맞춰 줬을 뿐이야.

◎ 되어버리다

She will **go** crazy!
그녀가 미친 듯 화를 낼 거야!

The fish quickly **went** bad.
그 생선은 금방 상했어.

get

99.2만번

get에는 '어디에 도착하다·이르다'라는 뜻이 있다. 'I just got home! 나 방금 집에 왔어!'와 같이 쓴다. 역시나 다양한 전치사와 함께 쓸 줄 아는 것이 좋다. get은 '어떠해지다·어떠하게 되다'의 뜻도 있는데, 과거분사와 꽤 자주 쓰인다.

◎ 이르다, 가다

My wife just **got** home.
아내가 막 집에 왔어.

Just **get** over here!
그냥 이리로 와!

◎ 되다

You **got** schooled by this young chick!
넌 그 어린 여자애한테 한 방 먹었잖아!
➕ schooled 한 수 배운, 한 방 먹은

I've **gotten** used to it now.
이제 그거엔 익숙해졌지.
➕ used to ~에 익숙해진

Scene **#5** 마누라한테 걸리면 끝장!

A Hey, 오늘 밤 한잔하러 갈 수 있어?

B Ugh... 아내가 막 집에 왔어.
And I can't just **get out**.

A Huh? Is your wife your boss now? ◦ boss 상사; 대장
Just **get over here**!

B No way! 그녀가 미친 듯 화를 낼 거야! ◦ No way! 절대 안 돼!

해석 A 이봐, can you go for a drink tonight?
B 윽... my wife just got home. 그래서 그냥 나갈 순 없어.
A 뭐? 이젠 네 아내가 네 대장인 거야? 그냥 **이리로 와**!
B 절대 안 돼! She will go crazy!

Scene **#6** 술 게임은 너무 어려워…

A Whew, **there goes** the weekend.

B It was some night, though, huh? ◦ (비격식) some 굉장한
넌 그 어린 여자애한테 한 방 먹였잖아! ◦ (비격식) chick 여자애
↔ dude 놈, 녀석

A I didn't **get schooled**!
난 그녀의 게임에 맞춰 줬을 뿐이야.

B Anyway, it was good to **get together**.

해석 A 휴, 주말이 가는구나.
B 그래도 굉장한 밤이었어, 그치?
You got schooled by this young chick!
A 한 방 먹은 거 아니야!
I just went along with her game.
B 어쨌건, **모여서** 좋았어.

go 문장 훈련 💬

❷ **가다** go + 다양한 전치사
❷ **되어버리다** go + 상태

---

01   너 농담이 지나쳤는걸.

↳ You **went too far with** your joke.

➕ go overboard on 지나치게 ~하다   cross the line 도를 넘다

....

02   앨리스랑 드라이브 가자.

↳ Let's **go for a ride** with Alice.

✅ ride (차 등에) 타기, 드라이브

....

03   좋아 그럼. 대세를 따르자.

↳ Alright then. Let's just **go with the flow.**

....

04   결승전이 끝난 뒤 일부 팬들이 과격해졌다.

↳ Some fans **went wild** after the final match.

....

05   워, 흥분하지 마. 별거 아니잖아.

↳ Whoa, don't **go crazy.** It's no big deal.

➕ freak out 기겁하다, 흥분하다

....

06   바보 같은 *마네킹 비디오 미션이 온라인에 퍼지게 됐다.

↳ The stupid mannequin video challenge **went viral** online.

✅ challenge 도전; SNS 미션   viral 바이러스처럼 퍼지는
➕ *마네킹 같이 미동 없는 모습을 녹화해 올리는 SNS 인증 미션

....

20

get 문장 훈련

◉ **이르다, 가다** get + 다양한 전치사
◉ **되다** get + 상태

---

07   너 머무는 곳에는 어떻게 가니?

↳ **How do I get to your place?**

☑ *one's* place 머무는 곳, 거처

....

08   너 무슨 말을 하려는 거야?

↳ **What are you getting at?**

⊕ get at (얘기가) 어디로 가다 → 말하려 하다

....

09   어떻게 내 십대 아들과 잘 지낼 수 있을까?

↳ **How can I get along with my teenage son?**

⊕ get along 붙어 다니다 → 잘 지내다
   cf. hang out with ~와 어울리다, 시간을 보내다

....

10   그녀는 서서히 자신의 트라우마를 극복하고 있다.

↳ **She's slowly getting over her trauma.**

⊕ get over 넘어서 가다 → 극복하다

....

11   자기야, 난 그저 이 모든 집안일에 지쳤어.

↳ **Honey, I just got tired of all this housework.**

☑ tired 피곤해진, 지친

....

12   요즘 애들은 너무 쉽게 싫증을 내.

↳ **Kids these days get bored too easily.**

☑ bored 지루해진

....

21

일상생활에서 1
go & do

go

115만번

go는 일 등이 '진행되다, 되어가다'라는 뜻으로도 자주 쓰인다. 'How is it going? 어떻게 되어가? → 잘 지내지?'나 'What's going on? 뭐가 진행되는 거야? → 무슨 일 있는 거야?'와 같이 안부나 기분을 물을 때 자주 쓴다.

⊘ **(일 등이) 되어가다**

How are things **going**?
일들이 어떻게 되어가(=잘 지내지)?

How did it **go** with Kate?
케이트랑 어떻게 됐어?

It **went** quite well.
꽤 잘됐어.

do

257만번

'하다'라는 뜻의 동사. '끝냈다·완료했다'라는 뜻의 완료형 done도 능숙하게 사용할 수 있도록 연습하자. 'I'm done with you! 너랑은 끝이야!', 'I'm not done yet! 내 말 다 안 끝났어!'와 같은 표현에서 자주 쓰인다.

⊘ **하다**

Please, **do** this homework for me.
제발, 날 위해 이 숙제를 해줘.

Would you **do** me a favor, then?
그럼, 내 부탁 좀 들어줄래?

⊘ **끝내다**

I**'m done** with my term paper.
학기말 리포트 끝냈어.

Are you **done**?
너 말 다 끝났니?

Scene #7 — 데이트는 어떻게 됐어?

A Hey, Tim. **잘 지내니?**

B **Same old, same old.** ◦ Same old, same old. 항상 똑같지 뭐.

Can't complain, though. ◦ Can't complain. 불평할 일이 없다.
= 더할 나위 없이 좋다.

I have a lovely wife, you know.

By the way, **how did your date go**?

A **꽤 잘됐어.** Thanks.

해석 A 이봐 팀. How are things going?
B 항상 똑같지 뭐. 그래도 더할 나위 없이 좋아.
알잖아, 내겐 사랑스러운 아내가 있는걸.
그나저나, 넌 데이트 어떻게 됐어?
A It went quite well. 고마워.

Scene #8 — 누나~ 내 숙제 좀 해주라!

A Whew, **학기말 리포트 끝냈어!**

B Great! **You did it**!

그럼, 내 부탁 좀 들어줄래? ◦ do *someone* a favor ~의 부탁을 들어주다

A Alright. What's the matter?

B Please, please, **do this homework** for me!

A Oh, God. Seriously? ◦ 진짜 이러기야?

해석 A 휴, I'm done with my term paper!
B 멋져! 해냈구나!!
Would you do me a favor, then?
A 좋아. 뭐가 문제인데?
B 제발, 제발 부탁인데, 날 위해 이 숙제 좀 해주라!
A 세상에. 진짜 이러기야?

23

go 문장 훈련 💬

◉ (일 등이) 되어가다 일, 근황 + go

---

01 여기 무슨 일이야?

↳ What's **going** on in here?

....

02 여자들끼리의 밤 외출은 어떻게 되어가?

↳ How is the girls' night out **going**?
　☑ night out 밤 외출

....

03 네 새로운 룸메이트하고는 어떻게 되어가니?

↳ How is it **going** with your new roommate?

....

04 놓치지 않을 거야! 두말하면 잔소리지.

↳ I wouldn't miss it! That **goes** without saying.
　☑ miss (파티 등의 행사를) 놓치다, 빠지다
　➕ go without saying 말 없어도 (일이) 된다 → 당연하다, 두말하면 잔소리다

....

05 너의 모든 일들이 잘되길 바라.

↳ I hope everything **goes** well with you.

....

06 나랑 그녀는 잘 안됐어.

↳ It didn't **go** well between me and her.
　➕ It didn't work out for us. 우리 잘 안 풀렸어.

....

24

do 문장 훈련 💬

○ **하다** do + 일, 과업
○ **끝내다** be done (with + 일)

---

07 생계를 위해 무엇을 하시나요(=직업이 무엇인가요)?

↳ What do you **do** for a living?

☑ a living 생계

....

08 저는 핸드폰 게임을 전혀 하지 않아요.

↳ I don't **do** mobile games at all.

....

09 미안하지만, 난 내가 해야 할 일을 했을 뿐이야.

↳ Sorry, but I just **did** what I had to do.

....

10 난 SNS를 더 이상 하지 않아.

↳ I'm **done** with social media.

☑ social media 페이스북 등의 SNS
➕ I'm done with you! 너랑은 끝이야!

....

11 이봐 기다려! 내 얘기 아직 안 끝났다고!

↳ Hey, wait! I'm not **done** yet!

➕ Are we[you] done? 우리[너] 얘기 다 끝난 거니?

....

12 이봐, 아직 운동 안 끝난 거야?

↳ Hey, **are**n't you **done** working out yet?

☑ work out 운동하다

....

25

DAY 05

일상생활에서 1
get & give

get

99.2만번

get은 '이해하다, 알아먹다'라는 뜻으로도 자주 쓰인다. 'I got it. 알겠어.'나 'Don't get me wrong! 날 오해하진 마!'와 같은 표현에서 쓰인다. 또한, give와 비슷한 의미로 '(누구에게 무엇을) 구해다주다'라는 뜻으로도 자주 쓰인다.

❷ 이해하다

I don't get it.
이해가 안 돼.

Don't get me wrong.
나를 오해하지 말아줘.

❷ 구해다주다

Would you get me a towel?
내게 수건 좀 갖다줄래?

I got us movie tickets for tonight!
내가 우리를 위해 오늘 밤 영화표를 구해왔어!

give

38.4만번

'(누구에게 무엇을) 주다'라는 뜻의 동사. 대부분 목적어가 두 개인 문장에서 이 뜻으로 쓰이기 때문에 배우기도 쉽고 써먹기도 쉽다. 'Give me a break! 나에게 휴식을 줘! → 좀 봐줘라! 좀 내버려 둬!'와 같은 비유적인 표현들도 익혀 두자.

❷ 주다

Give me a break!
나에게 휴식을 줘(→좀 내버려 둬)!
➕ 좀 봐줘. = Cut me some slack.   Go easy on me.

I'll give it a shot.
그것에 시도를 한 번 줄게(=한번 해볼게).
➕ 한번 해보다 = give it a try   give it a go

Would you give me a ride?
나를 태워주겠니?

26

Scene #9 누나, 나 좀 내버려둬!

A Bob! **나 수건 좀 갖다줄래?**

And start the washing machine, too!

B **Give me a break**, Kate!

I just got home from class.

A **이해가 안 돼.** What class?

Weren't you just killing time with your friends?

◎ kill time 시간을 죽이다 = 빈둥대다

해석 **A** 밥! Would you get me a towel?
그리고 세탁기도 돌려!

B 좀 내버려 둬, 케이트!
난 수업 듣고 지금 막 집에 왔다고.

A I don't get it. 무슨 수업?
너 그냥 친구들과 빈둥댔던 거 아니야?

Scene #10 내가 영화표를 구해왔지!

A Hey, **내가 우리를 위해 오늘 밤 영화표를 구해왔어!**

B Oh, that's awesome. ◎ awesome 끝내주는, 굉장한
What are we watching?

A An action movie, *The Last Samurai*.

B Oh, I've never heard of it. ◎ hear of ~에 대해 듣다
But, **한번 볼게.**

해석 **A** 야, I got us movie tickets for tonight!

B 오, 끝내준다. 뭐 보는데?

A '라스트 사무라이'라는 액션 영화야.

B 오, 한 번도 들어본 적 없는데.
그래도, I'll give it a shot.

27

get 문장 훈련 💬

● **이해하다** get + 무엇 + (어떠하게)
● **구해다주다** get + 누구 + 무엇

---

01 알겠어. 곧 될 거야.

↳ I **got** it. It will be done soon.

....

02 나를 오해하지 말아줘. 불평하는 건 아니야.

↳ Don't **get** me wrong. I'm not complaining.
  ☑ complain 불평하다
  ➕ get that right 잘 이해하다

....

03 여기 오는 길에 내게 아이스바 하나 사다줄 수 있니?

↳ Can you **get** me a popsicle on your way here?
  ☑ popsicle 아이스바   on *one's* way ~로 가는 길

....

04 자기야, 가서 나 커피 좀 사다주라.

↳ Honey, please go **get** me some coffee.
  ➕ go + 동사 ~하러 가다
  e.g. Let's go see a movie. 영화 보러 가자.

....

05 우리를 위해 좋은 식당에 예약을 해뒀어.

↳ I **got** us a reservation for a nice restaurant.

....

06 그에게 생일 선물로 '카드' 한 장 갖다줬다고?

↳ You **got** him a 'card' for his birthday?

....

28

give 문장 훈련

● **주다** give + 누구 + 무엇

---

07 자네 배짱이 있군, 그 점은 인정해주지.

↳ You have spirit, I'll **give** you that.

☑ spirit 기백, 배짱

....

08 리포트 쓰는 데 손 좀 보태주겠니?

↳ Would you **give** me a hand with my paper?

➕ help *somebody* with 누가 ~하는 데 도움을 주다

....

09 난 담배 끊었어. 약속해.

↳ I'm done with smoking. I **give** you my word.

➕ I promise. 약속해.   I swear. 맹세해.

....

10 그녀에게 큰 박수 주시죠.

↳ Let's **give** her a big hand.

☑ a big hand 큰 박수

....

11 어째서 나를 냉대하는 거야?

↳ How come you're **giving** me the cold shoulder?

➕ give the cold shoulder 차가운 어깨를 주다 → 냉대하다

....

12 날 좀 믿어라, 제발!

↳ **Give** me some credit, for God's sake!

☑ credit 신용, 신뢰   for God's sake 제발

....

29

take

67만번

앞서 배운 '취하다; 하다'라는 뜻 외에, '(누구를 어디로) 데려가다'라는 뜻으로도 자주 쓰인다. 친구에게 길 안내를 할 때, '~로 데려다줄게!'라는 뉘앙스로 쓰면 된다. 누군가의 말이나 상황을 '(어떠하게) 받아들이다'라는 뜻도 있다.

◑ ~로 데려가다

Let me **take** you there sometime.
언젠가 널 그곳에 데려갈게.

I'll **take** you to the subway station.
내가 너를 지하철역으로 데려다줄게.

◑ 받아들이다

Don't **take** it too seriously.
그걸 너무 진지하게 받아들이진 마.

She **took** his word for it.
그녀는 그의 말을 있는 그대로 받아들였지.

be

1254만번

'어떠하다, 무엇이다'라는 뜻으로 많이 쓰이는 동사. 'be a pushover 만만한 사람이다', 'be very outgoing 매우 외향적이다' 등과 같이 사람의 성격이나 특성을 묘사할 때 유용하게 쓸 수 있다. '~이 아니다'라고 할 땐 not을 붙이면 된다.

◑ 어떠하다,
무엇이다

I'**m not** a quitter.
난 중간에 포기하는 사람이 아니지.

Jim said I'**m** a pushover!
짐이 날 만만한 사람이라고 했어!

He **is not** a people person.
그는 사람들과 잘 어울리는 사람이 아냐.

Scene #11 난 한다면 하는 남자!

A Wow, Jim. You're still working out? ⊙ work out 운동하다

B Yea. 난 중간에 포기하는 사람이 아니지!
How have you been, Kate? ⊙ How have you been? 어떻게 지내?
I've heard a lot about your new store.

A It's nothing to brag about, heh. ⊙ brag about ~에 대해 자랑하다
언젠가 널 그곳에 데려갈게, though.

해석
A 와, 짐. 너 아직도 운동하고 있는 거야?
B 응. I'm not a quitter!
케이트, 넌 어떻게 지내?
네 새 가게에 대해 많이 들었어.
A 그다지 자랑할 만한 건 아냐, 허허.
그래도 Let me take you there sometime.

Scene #12 내가 만만한 애라고?!

A Did you hear that?
짐이 날 만만한 사람이라고 했어!

B 그걸 너무 진지하게 받아들이진 마, Jane.
He **is not a people person**, you know.

A He **is** just **a pathetic jerk**! ⊙ a pathetic jerk 한심한 얼간이

해석
A 너 들었지?
Jim said I'm a pushover!
B Don't take it too seriously, 제인.
걔 사람들과 잘 어울리는 사람은 아닌 거, 알잖아.
A 걔는 그냥 한심한 얼간이야!

take 문장 훈련 💬

◎ ~로 데려가다 take + 무엇 + 장소
◎ 받아들이다 take + 무엇 + 어떠하게

---

01 내가 너를 지하철역으로 데려다줄게.

↳ I'll **take** you to the subway station.

....

02 자기야, 쓰레기 내다 놔 줄래?

↳ Honey, would you **take** the garbage out?

....

03 나를 당신의 애정 어린 품으로 데려가줘요.

↳ **Take** me into your loving arms.

☑ loving 애정 어린
⊞ into *one's* arms 벌린 팔 안으로 → ~의 품으로

....

04 미안한데, 그걸 너무 개인적으로 받아들이진 마.

↳ Sorry, but don't **take** it so personally.

....

05 그녀를 당연하게 여기지 않는 게 좋을 거야.

↳ You'd better not **take** her for granted.

☑ grant 허락하다, 주다
⊞ take ~ for granted ~을 이미 주어진 것으로 생각하다 → ~을 당연한 것으로 생각하다

....

06 (똑똑한 걸로) 건방진 놈이라고? 그거 칭찬으로 받아들일게.

↳ A smart ass? I'll **take** that as a compliment.

☑ compliment 칭찬

....

be 문장 훈련 💬

● **어떠하다, 무엇이다** be + 성격

---

07 난 그 말 안 믿어. 걘 그저 말뿐인 사람이야.

↳ I don't buy it. He **is** just **all talk**.

☑ I don't buy it. 난 그 말 안 믿어.
⊡ be not much of a talker 말 수가 별로 없다

....

08 클라크? 걔는 약간 혼자 있길 좋아하는 사람이지.

↳ Clark? He **is kind of a loner**.

....

09 난 아침형 인간은 아니야. 오히려 올빼미 체질이지.

↳ I**'m** not **a morning person**. More of a night owl.

☑ more of 오히려 ~인

....

10 그녀는 최근 승진으로 자만해 있어.

↳ She **is full of herself** with her recent promotion.

⊡ full of *oneself* 자신으로 가득 찬 → 자만한

....

11 직시해. 넌 목 안의 가시(→골칫거리)야.

↳ Face it. You **are a pain in the neck**.

☑ face 직시하다, 대면하다

....

12 내 여친, 제인? 걔는 하나하나 챙겨야 하는 타입 아니야.

↳ My GF, Jane? She **is** not **high maintenance**.

☑ high maintenance 유지비가 많이 드는

....

be

1254만번

보통 be동사는 과거분사와 쓰이면 '~당하다, 받다'로, 전치사와 쓰이면 '~에 있다'로 해석됩니다. 'be flattered 아첨 받다 → 과찬이다', 'be in touch 접촉 안에 있다 → 연락하고 지내다'와 같은 비유적인 관용 표현이 많으니 꼭 익혀둡시다.

◐ 전치사와 쓰인 관용표현

I'm in!
나도 낄게!

You are in good **shape.**
넌 좋은 체형 안에 있구나(→건강해 보인다).

Are you **on a diet?**
다이어트 중이니?

You promised you would **be on time!**
제시간에 오겠다고 약속했잖아!

◐ 과거분사와 쓰인 관용표현

I'm flattered.
아첨 받았네(→과찬이야, 영광인걸).

I'm stuck in heavy traffic.
나 혼잡한 도로에 갇혔어.
➕ heavy traffic 많은 교통량   a traffic jam 교통 체증

She is so **spoiled.**
그녀는 너무 버려났어(=버릇없어).

My lips are sealed.
내 입술은 봉인됐어(=비밀 지킬게).

Scene #13
우리는 다이어트 중!

A Jane, you **ARE in good shape**. ◦ be나 do 강조 = 진짜, 정말
Are you **on a diet** or something?

B Thanks. **과찬이야.**
I just drink this beetroot juice.
I can get you some, if you want.

A Oh, hell yeah. **나도 낄래!** ◦ hell (속어) 완전, 엄청

해석 A 제인, 너 **진짜 건강해 보인다.**
다이어트나 뭔가를 하고 있는 중이니?
B 고마워. I'm flattered.
그냥 이 비트 뿌리 주스를 마시는데.
원하면 네게 좀 갖다 줄 수 있어.
A 오, 완전 좋지. I'm in!

Scene #14
얘, 길이 너무 막힌다~

A Where are you, John?
제시간에 오겠다고 약속했잖아!

B Sorry. **나 혼잡한 도로에 갇혔어** again.

A Ugh, I've got to go, then. ◦ have got to(=gotta) ~해야 하다
I can't just wait like this.

B No, wait!

해석 A 존, 너 어디니?
You promised you would be on time!
B 미안해. 또 I'm stuck in heavy traffic.
A 윽, 나 그럼 가야겠어. 이렇게 그냥 기다릴 수는 없어.
B 안 돼, 기다려!

35

be 문장 훈련 💬

◎ 전치사와 쓰인 관용표현 be + 전치사

---

01 자네 운이 없군. 그녀는 방금 떠났어.

↳ You **are** out of luck. She just left.
   ☑ leave 떠나다
   ☒ in luck 운이 좋은

---

02 네 말뜻 알겠고 네 의견에 함께해.

↳ I hear you and I'**m** with you.
   ☑ I hear you. 네 말뜻 알겠어.

---

03 우리 아직 이번 주 토요일 밤 약속 유효하지?

↳ **Are** we still on for this Saturday night?
   ☑ still 아직, 여전히

---

04 걱정 마. 연락할게.

↳ No worries. I'll **be** in touch.

---

05 미안한데 도와줄 수 없어. 나도 너와 같은 처지거든.

↳ Sorry I can't help. I **am** in the same boat.
   ☒ in the same boat 한 배를 탄 → 처지가 같은

---

06 새 차? 너 정신 나갔니?

↳ A new car? **Are** you out of your mind?

---

be 문장 훈련

○ **과거분사와 쓰인 관용표현** be + 과거분사

---

07 난 여기에서 나고 자랐어.

↳ I **was born and raised** here.
   ☑ born 태어난   raised 키워진

....

08 그가 눈치 없는 건 아냐, 그냥 약간 버릇없을 뿐이지.

↳ He **is** not tone deaf, just kind of **spoiled**.
   ☑ tone deaf 음치인; 눈치가 없는

....

09 (말 걸어주셔서) 영광이지만, 전 남자친구가 있어요.

↳ I**'m flattered**, but I have a boyfriend.

....

10 나 지금 택시 안인데, 그런데 우리 교통 체증에 갇혔어.

↳ I'm in a taxi, but we**'re stuck** in a traffic jam.
   ☑ traffic jam 교통 체증

....

11 그녀는 오늘 분명히 완전히 녹초가 되었을 거야.

↳ She must **be totally beat** today.
   ☑ beat 지친

....

12 이제 넌 일주일 간 외출 금지야!

↳ Now you **are grounded for** a week!
   ☑ grounded 외출 금지를 당한

....

미드나 영화를 보면, 종종 동사 앞에 do를 강조해서 덧붙이는 경우가 있는데요. 이 do는 '정말, 진짜'라는 뜻의 '강조형 do'입니다. 동사의 의미에 힘을 실어주죠.

I **need** a break.
난 휴식이 필요해.

I **do need** a break. So please be quiet.
난 정말 휴식이 필요해. 그러니 제발 좀 조용히 해주라.

주어가 '그 사람, 그것'이라고 부를 수 있는 3인칭 단수라면, 현재형 동사 앞에 do 대신 does를 써서 강조할 수 있습니다. 과거형 문장에서는 did를 쓰고요. 3인칭 단수 현재형 -s나 불규칙 과거형에 자신이 없다면, 강조형 do[does, did]를 쓰는 연습부터 해보세요.

She **likes** to sing.
그녀는 노래하는 걸 좋아해.

She **does like** to sing, but she is not good at it.
그녀가 분명 노래하는 걸 좋아하기는 하는데, 잘 부르지는 못해.

She **did like** to sing in high school.
그녀는 고등학교 시절에 노래하는 걸 정말 좋아했었지.

문법을 더 쉽고 재미있게 공부하고 싶다면?

지금 온라인 서점에서
[매일 10분 왕기초 영문법의 기적] 을
만나보세요!

Chapter 2

일상생활에서 2

+13개 기초 동사면 영어로 원어민처럼 일상 회화를 할 수 있다!

He's not **asking** for the moon, is he?
그가 무리한 걸 요구하는 건 아니잖아, 안 그래?

She **has** such a big mouth!
걔는 정말 입이 가벼워!

That's easier **said** than done.
말은 쉽지.

39

일상생활에서 2
want & ask

want

51.4만번

'want to ~'의 형태로 쓰여, '~하고 싶다'를 표현하는 동사. 격식 없는 대화에서는 줄여서 'wanna[워너] ~'로 발음한다. wanna를 글로 쓰면 비표준어이니 주의! 'want to ~'는 충고를 할 때 '~하는 게 좋을걸'이라는 의미로 쓰기도 한다.

❯ **~하고 싶다**

Hey, do you **wanna** have pizza tonight?
이봐, 오늘 밤 피자 먹고 싶어?

I **want to** have pizza all week.
난 일주일 내내 피자를 먹고 싶어.

That's the last thing you **want to** do.
너 그건 절대 하고 싶지 않을걸(→안 하는 게 좋을걸).
🔲 the last thing to do 가장 나중에 할 것 → 하고 싶지 않은 것

ask

28.4만번

무엇을 '요구하다, 요청하다'라는 뜻의 동사. 이 의미로 쓰일 땐 보통 전치사 for와 함께 쓰인다. 'ask for help 도움을 요청하다'와 같이 쓴다. 또, 누구에게 무엇을 '물어본다'라는 뜻으로도 쓰인다. 이때에는 목적어 두 개를 연달아 쓴다.

❯ **요청하다**

That's only **asking** for trouble.
그건 골칫거리만 청하는(→화만 자초하는) 거야.

You can always **ask** me for help.
넌 언제나 내게 도움을 요청할 수 있어.

❯ **물어보다**

Can I **ask** you something?
너에게 뭐 좀 물어봐도 될까?

You can **ask** me whatever you want.
원하는 건 뭐든지 물어봐도 돼.

Scene #1 피자만 먹으면 질릴걸?

A 이봐, 오늘 밤 피자 먹고 싶어?

B Oh, hell yeah.

A You really do like pizza, don't you?

B Yes. 난 일주일 내내 피자를 먹고 싶어.
A 'pizza week', if you will. ◦ if you will 말하자면

A Whoa, be careful what you wish for.

◦ (바라는 그대로 될 수도 있으니) 소원은 신중히 빌어라

해석　A Hey, do you wanna have pizza tonight?
　　　B 오, 완전 좋아.
　　　A 너 정말 피자를 좋아하는구나, 안 그래?
　　　B 응. I want to have pizza all week.
　　　　말하자면, '피자 주간' 말이야.
　　　A 워, 소원은 신중히 빌라고.

Scene #2 돈은 빌려주는 거 아니야~

A Alex, 너에게 뭐 좀 물어봐도 될까?

B Oh, yeah. What's up?

A My brother **wants to borrow money**. ◦ borrow 빌리다
Should I lend him some? ↔ lend 빌려주다

B That's **the last thing you wanna do**.
그건 화만 자초할 뿐이야.

해석　A 알렉스, can I ask you something?
　　　B 오, 응. 무슨 일인데?
　　　A 내 형제가 돈을 빌리고 싶어 해. 걔한테 좀 빌려줘야 할까?
　　　B 너 그건 안 하는 게 좋을걸.
　　　　That's only asking for trouble.

41

want 문장 훈련 💬

○ ~하고 싶다 want to 동사

---

01 내가 널 도와줬으면 싶니?

↳ Do you **want** me **to** help you?

....

02 난 정말로 하와이에 가고 싶어.

↳ I really **want to** go to Hawaii.

➕ can't wait to ~하는 걸 기다릴 수 없어 → 어서 ~하고 싶어

....

03 그것에 대한 대답은 모르는 게 나을걸.

↳ You don't **wanna** know the answer to that.

....

04 결코 그녀에게 상처 주지 않는 게 좋을걸.

↳ The last thing you **want to do** is hurt her.

☑ hurt 다치게 하다

....

05 이 영화를 줄곧 보고 싶었어.

↳ I've been **wanting to** see this movie.

....

06 그저 네게 안부를 전하고 싶었어.

↳ I just **wanted to** check in with you.

☑ check in with ~에게 안부를 전하다

....

42

ask 문장 훈련

◎ **요청하다** ask + for 무엇
◎ **물어보다** ask + 누구 + 무엇

---

07 자네 화를 자초하고 있어. 그냥 넘어가게.

↳ You're **asking for** trouble. Just let it slide.

➕ You asked for it. 그건 네가 자초한 거야.

---

08 그가 무리한 걸 요구하는 건 아니잖아, 안 그래?

↳ He's not **asking for** the moon, is he?

➕ the moon 달 → 무리한 소망

---

09 너에게 부탁 하나를 하고 싶은데.

↳ I want to **ask** you **for** a favor.

☑ favor 호의; 부탁

---

10 존에 대해 조언 좀 구할 수 있을까?

↳ Can I **ask for** some advice about John?

---

11 간단한 질문 하나만 물어볼게.

↳ Let me **ask** you a quick question.

---

12 내 생각에는, 그는 좋은 사람이야.

↳ If you **ask** me, he's a good guy.

➕ If you ask me 나에게 물어본다면 → 내 생각에는
➕ The way I see it 내가 보기에는

43

일상생활에서 2
have & keep

have

430만번

'가지다, 가지고 있다'라는 뜻의 동사. 사람이나 사물에 어떤 성질이 있음을 표현할 때 유용하게 쓰인다. 'have a big mouth 입이 크다(→가볍다)'와 같이 쓴다. 'have fun 재미를 보다'와 같이 어떤 시간을 '보내다, 겪다'라는 의미로 쓰이기도 한다.

⊙ 가지고 있다

That name **has** a familiar ring.
그 이름 익숙한 울림이 있는데(→익숙하게 들리는데).

She **has** such a big mouth!
걔는 정말 큰 입을 가졌군(→입이 가벼워)!

⊙ 겪다

I heard you're **having** financial troubles.
네가 재정적 문제를 겪고 있다고 들었어.

keep

23.1만번

'간직하다, 지키다'라는 의미의 동사. 'keep secrets 비밀을 지키다, keep that in mind 그걸 명심해'와 같이 쓴다. '계속 어떤 상태로 유지한다'라는 의미로도 쓰인다. 'keep it simple 간단하게 해, keep it to yourself 너만 알고 있어'가 대표적인 예이다.

⊙ 계속 갖고 있다

She can't **keep** secrets.
걔는 비밀을 지키질 못해.

I'll **keep** that in mind.
그 점 계속 마음속에 간직할게(=명심할게).

⊙ 계속 ~하게 하다

I'll **keep** myself out of trouble.
나 자신을 골칫거리에서 벗어나 있게 할래(→피할래).

I'd **keep** things to myself next time.
나라면 다음에는 그런 것들은 나만 알고 있겠어.

Scene #3   베프의 전 여친이 온다고?!

A Hey, we're **having a party** this weekend!
Do you want in? ⊙ want in 끼길 원하다

B Hell yeah. Who's coming?

A We will have Kate over and... ⊙ have *someone* over ~를 초대해 불러오다

B Wait. 그 이름 익숙하게 들리는데...
Ugh. Nope. 난 골칫거리는 피할래.

해석 A 얘, 우리 이번 주말에 파티 해! 끼길 원하니?
B 완전 좋지. 누가 오는데?
A 케이트 불러올 거고 그리고...
B 잠깐만. That name has a familiar ring...
윽. 아니다. I'll keep myself out of trouble.

Scene #4   어휴, 걔는 입도 싸지…

A Joan, 네가 재정적 문제를 겪고 있다고 들었어.

B What? Who says I am? ⊙ Who says ~? ~라고 누가 그러니?

A Jill. 걔는 비밀을 지키질 못해, you know.

B Grr... 걔는 정말 입이 가벼워!

A Yea... I'd **keep things to myself** next time.

B OK. I'll **keep that in mind**.

해석 A 조앤, I heard you're having financial troubles.
B 뭐? 내가 그렇다고 누가 그러니?
A 질이. She can't keep secrets, 너도 알잖아.
B 으으... She has such a big mouth!
A 맞아... 나라면 다음에는 그런 것들은 나만 알고 있겠어.
B 알겠어. 그 점 명심할게.

have 문장 훈련 💬

- **가지고 있다** have + 무엇
- **겪다** have + 시간, 사건

---

01 세상에. 그녀는 정말 자기 생각이 뚜렷하군.

↳ God. She does **have** a mind of her own.

➕ a mind of *one's* own 자신만의 생각 → 자기 의견, 견해

....

02 넌 할 수 있어. 자신에게 믿음을 좀 가지라고.

↳ You can do it. **Have** some faith in yourself.

....

03 잭은 이상한 유머 감각이 있어.

↳ Jack **has** a weird sense of humor.

☑ weird 이상한, 기묘한

....

04 날 믿어. 난 필요한 자질을 갖고 있다고.

↳ Believe me. I **have** what it takes.

➕ what it takes (어떤 일의 성공을 위해) 필요한 자질, 조건

....

05 내 새로운 룸메이트 때문에 고생 좀 하고 있어.

↳ I'm **having** a hard time with my new roommate.

....

06 좋아, 네 방식대로 해. 나는 빠져 있을게.

↳ OK, **have** it your way. I'll stay out of it.

☑ Have it your way. 네 방식대로 겪어봐. → 네 맘대로 해봐.
➕ Suit yourself. 편한 대로 하시죠. Be my guest. 할 테면 해봐.

....

46

keep 문장 훈련 💬

진짜 네이티브 문장 들어보기

● **계속 갖고 있다** keep + 무엇
● **계속 ~하게 하다** keep + 무엇 + 어떠하다

---

07 그는 결혼 이후로 계속 눈에 띄지 않으려 하고 있어.

↳ He's **kept** a low profile since his wedding.

➕ = lie low (남들 눈에 띄지 않게) 조용히 있다

....

08 그는 약속을 잘 지키질 못해.

↳ He's not good at **keeping** his promises.

....

09 문제에서 벗어나 있어(=문제 일으키지 마).

↳ **Keep** yourself out of trouble.

➕ = stay out of trouble

....

10 걱정 마. 계속 그를 지켜볼게.

↳ Don't worry. I'll **keep** my eye on him.

➕ keep *one's* eye on ~에게 계속 눈을 두다 → 지켜보다, 돌보다
➕ I'm watching you. 널 지켜보고(=감시하고) 있어.

....

11 화려할 필요 없어. 그냥 간단하게 해.

↳ No need to get fancy. Just **keep** it simple.

☑ no need to ~할 필요 없다

....

12 뜬구름 잡지 마.

↳ **Keep** your head out of the clouds.

➕ keep *one's* feet on the ground 현실적인 시각을 유지하다

....

happen

18.2만번

어떤 일이 '일어나다, 생기다'라는 뜻의 동사. 'happen to ~ 우연히 ~하게 되다'의 패턴으로도 자주 쓰인다. 'happen to see *someone* ~를 만나게 되다, happen to find *something* ~을 찾게 되다'와 같이 쓴다.

❷ **일어나다**

That will never **happen**.
그런 일은 절대 일어나지 않을걸.

It **happened** all of a sudden.
그 일은 갑자기 일어났어.
🔁 all of a sudden 갑자기　out of the blue 난데없이

❷ **우연히**
~하게 되다

I **happened** to see Bob yesterday.
나 어제 우연히 밥을 만났어.

I **happened** to find my old photos.
우연히 내 오래된 사진들을 발견했어.

set

12.7만번

원래는 '고정시키다'라는 뜻의 동사이지만, 생활영어에서는 '정하다'라는 뜻으로 많이 쓰인다. 'set a goal 목표를 정하다, set a date 날짜를 잡다'와 같이 쓰인다. 'set the bar high/low 기준을 높게/낮게 잡다'와 같이 비유적으로 쓰이기도 한다.

❷ **정하다**

I **set** a goal for the New Year.
저 새해 목표를 하나 세웠어요.

I can **set** the bar a little lower.
기준을 좀 더 낮게 세울 수도 있죠.

Let's **set** a date.
날짜를 정하자.

Scene #5   목표는 현실적으로!

A   Mom, I **set a goal for the New Year**.
    Exercising 2 hours every day.

B   You? Every day? Hah!
    그런 일은 절대 일어나지 않을걸.

A   Fine... Maybe **기준을 좀 더 낮게 세울 수도 있죠.**
    What about every other day?   ● every other day 하루 걸러, 격일로

해석   A   엄마, 저 새해 목표를 하나 세웠어요.
           매일 2시간씩 운동하기예요.
     B   네가? 매일? 허!
           That will never happen.
     A   좋아요... 아마 I can set the bar a little lower.
           격일로 하는 건 어때요?

Scene #6   간만에 뭉쳐 볼까?

A   Kevin, **나 어제 우연히 밥을 만났어.**
    Do you want to meet up with him?

B   I wouldn't miss it! **날짜를 정하자.**   ● wouldn't miss it 꼭 가겠다, 안 놓치다

A   Bob said this Friday or Saturday.

B   Either day is fine with me.   ● either 어느 쪽 ~이라도

A   Saturday, then!

해석   A   케빈, I happened to see Bob yesterday.
           걔랑 만나고 싶니?
     B   절대 안 놓치지! Let's set a date.
     A   밥은 이번 주 금요일이나 토요일이랬어.
     B   어느 쪽이든 나에겐 좋아.
     A   그럼 토요일이다!

happen 문장 훈련 💬

- **일어나다** 일, 사건 + happen
- **우연히 ~하게 되다** happen + to 동사

---

01 모든 일은 다 이유가 있어서 일어난다고 믿어(=다 뜻이 있을 거야).

↳ I believe everything **happens** for a reason.

....

02 신경 쓰지 마. 사고란 일어나기 마련인걸(=그럴 수도 있지).

↳ Never mind. Accidents **happen**.

☑ accident 우연한 사고, 실수

....

03 난 가야만 해. 무슨 일이 생겼어.

↳ I have to go. Something has **happened**.

➕ = Something has come up.

....

04 그와 나는 서로의 바로 옆에 앉게 되었어.

↳ He and I **happened** to sit right beside each other.

....

05 교회에서 우연히 옛 친구를 만났어.

↳ I **happened** to meet an old friend at church.

....

06 동네에 오게 되면, 그냥 잠깐 들러.

↳ If you **happen** to be in town, just swing by.

☑ swing by 잠깐 들르다

....

◉ **정하다** set + 일정, 시간, 기준

---

07 우리는 연휴 일정을 세울 필요가 있어.

↳ We need to **set** the schedule for the holidays.
  ☑ holidays 연휴

....

08 내 알람은 주중에는 오전 6시에 맞춰져 있어.

↳ My alarm is **set** for 6 a.m. on weekdays.

....

09 우리는 파티 날짜를 정해야 해.

↳ We should **set** the date for the party.
  ➕ = pick a day 날짜를 고르다
    = name the time[place] 시간[장소]를 지정하다

....

10 다이어트하는 동안, 나는 하루에 간식 한 개로 한도를 정해.

↳ While dieting, I **set** a limit of 1 snack a day.
  ☑ limit 한도, 한계

....

11 스스로에게 기준을 너무 높게 잡지 마.

↳ Don't **set** the bar too high for yourself.

....

12 선두를 달리려 하지 마. 따라만 잡자.

↳ Don't try to **set** the pace. Just keep up.
  ☑ pace 속도, 페이스
  ➕ set the pace (경기의 맨 앞에서) 페이스를 정하다 → 선두를 달리다

....

DAY 11

일상생활에서 2
look & find

look

49.1만번

'보다'라는 뜻의 동사. 'look at ~를 보다'뿐만 아니라, 'look on the bright side 밝은 면을 보다(→긍정적으로 보다), look forward to ~을 학수고대하다'와 같이 다양한 전치사와 함께 쓰인다. 뒤에 형용사가 나오면 '~해 보이다'라는 뜻이다.

○ 보다

Well, **look** on the bright side.
뭐, 밝은 면을 봐(→긍정적으로 생각해).

Look who's finally here!
여기 마침내 누가 왔는지 좀 봐!

○ ~하게 보이다

You **look** panicked.
너 겁에 질린 것처럼 보여.

Everything **looks** different at night.
밤에는 모든 것이 달라 보여.

find

39.5만번

찾는 도중이라는 뉘앙스가 있는 look for와 달리, '발견하다, 찾아내다'라는 의미이다. 어떤 사실을 '알게 되다'라는 의미로도 쓰인다. 'find (out) 문장 ~이라는 것을 알게 되다, find him rude 그가 무례하다고 생각하게 되다'처럼 쓴다.

○ 알게 되다

I just **found** out my exam is tomorrow.
시험이 내일인 걸 방금 알게 됐어.

The professor already **finds** you stupid.
교수님은 이미 너를 멍청하다고 알고 계시잖아.

○ 찾다

I couldn't **find** your house.
너희 집을 찾을 수 없었어.

Can you **find** the way back to your place later?
나중에 너 집으로 가는 길 찾을 수 있겠어?

Scene #7 그냥 찍지 뭐~

A 너 겁에 질린 것처럼 보여.

What's gotten into you? ⊙ What's gotten into you? 무슨 문제라도 있어?

B 시험이 내일인 걸 방금 알게 됐어.

A Well, **look on the bright side.**

교수님은 이미 너를 멍청하다고 알고 계시잖아.

B True... Maybe I can just wing it! ⊙ wing it 즉흥적으로 때우다

해석 A You look panicked. 무슨 문제라도 있어?
   B I just found out my exam is tomorrow.
   A 뭐, 긍정적으로 생각해.
      The professor already finds you stupid.
   B 맞아... 아마 즉흥적으로 때워도 될 거야!

Scene #8 난 밤눈이 어둡다고~

A 여기 마침내 누가 왔는지 좀 봐!

B Sorry, I couldn't **find your house.**
   Everything **looks different** at night.

A Oh, then **나중에 너 집으로 가는 길 찾을 수 있겠어?** ⊙ the way back to
                                                              ~로 돌아가는 길

B I can if you help me.

해석 A Look who's finally here!
   B 미안, 너희 집을 찾을 수 없었어.
      밤에는 모든 것이 달라 보여.
   A 오, 그럼 can you find the way back to your place later?
   B 네가 도와주면 찾을 수 있지.

look 문장 훈련 💬

◉ **보다** look + 다양한 전치사
◉ **~하게 보이다** look + 어떠하다

---

01   널 만나기를 고대하고 있어.

↳ I'm **looking forward to** seeing you.

....

02   이런, 이게 누구야! 세상 참 좁다!

↳ Well, **look** who it is! What a small world!

....

03   와! 널 좀 봐! 너 다 컸구나!

↳ Wow! **Look** at you! You're all grown up!
   ☑ grown up 자라난   grown-ups 어른들, 성인들

....

04   낯익어 보이는데. 우리 전에 만난 적이 있나요?

↳ You **look** familiar. Have we met before?
   ◻ Your name **sounds** familiar. 당신 이름이 익숙하게 들려요.

....

05   너 오늘 몸이 좀 안 좋아 보이네.

↳ You **look** a little under the weather today.
   ☑ under the weather 몸이 안 좋은

....

06   이 드레스 입으면 어때 보여?

↳ How do I **look** in this dress?

....

54

find 문장 훈련 💬

● **알게 되다** find out + 문장   find + 무엇 + 어떠하다
● **찾다** find + 장소(길), 대상

---

07 모두가 그녀를 다소 깊이 없는 사람으로 알고 있어.

↳ Everyone **finds** her rather shallow.

☑ shallow 깊이가 없는, 천박한

....

08 나는 요즘 아이들이 꽤 버릇없다고 생각해.

↳ I **find** kids these days to be quite rude.

☑ rude 버릇없는, 무례한

....

09 내가 시험에 통과했다는 걸 지금 막 알게 됐어.

↳ I just **found** out I passed the test.

☑ pass 통과하다

....

10 내가 너무 많이 집에 머문다는 걸 알게 됐어.

↳ I **found** myself staying home too much.

....

11 이곳을 찾는 데 어려움이 있었니?

↳ Did you have any trouble **finding** this place?

....

12 난 캠퍼스 밖으로 나가는 길을 찾을 수 없었어.

↳ I couldn't **find** my way out of campus.

....

tell

38.8만번

'말해주다'라는 뜻의 동사. 'tell *someone* ~ 누구에게 ~라고 말해주다, tell *someone* to ~ 누구에게 ~하라고 말하다'의 형태로 쓰인다. 또한, 어떤 차이나 변화를 '알아보다, 식별하다'라는 의미로도 쓰인다.

◐ 말해주다

Could you **tell** me the model number?
모델 번호를 말씀해주실 수 있나요?

My husband **told** me to dye it back...
내 남편은 다시 원래대로 염색하라고 말했다고...

◐ 알아보다

I can't **tell** if this is Y or V.
이게 Y인지 V인지 알아볼 수가 없네요.

I can barely **tell**.
거의 못 알아보겠어.

say

19.1만번

'말하다'라는 뜻의 동사. 유독 관용적 표현, 관용구에 많이 쓰인다. 'That's easier said than done. That's easy for you to say. 말은 쉽지.'나 'You can say that again! 네 말에 동감해!' 등이 가장 대표적인 예이다.

◐ 말하다

Can you **say** that again?
다시 한 번 말씀해주시겠어요?

You're just **saying** that!
말만 그렇게 하는 거지!

That's easier **said** than done.
말로 하는 게 하는 것보다 쉽지(=말은 쉽지).

Scene #9   이게 무슨 글자지?

A Hello, my refrigerator isn't working. ⊙ work 작동하다

B Could you **tell me the model number**, please?

A Sure. It's A-3-F-7 and... 이게 Y인지 V인지 알아볼 수가 없네요...

B Sorry, 다시 한 번 말씀해주시겠어요? 'I'? ⊙ ≠ You can say that again. 네 말에 동감해.

A No, 'Y' as in 'yes'.

해석
A 여보세요, 제 냉장고가 작동하지 않아요.
B 모델 번호를 말씀해주실 수 있나요?
A 물론이죠. A-3-F-7 그리고... I can't tell if this is Y or V...
B 죄송하지만, can you say that again? 'I'라고요?
A 아니요, 'yes'에 있는 'Y'요.

Scene #10   또 염색?! 말이 쉽지!

A I dyed my hair yesterday. ⊙ dye 염색하다

B Oh, you did? 거의 못 알아보겠어. ⊙ barely 거의 ~않다
It looks really good, though.

A **You're just saying that**!
내 남편은 다시 원래대로 염색하라고 말했다고...

B Huh? **That's easier said than done**.

해석
A 나 어제 염색했어.
B 오, 그랬니? I can barely tell.
그래도 정말 좋아 보여.
A 말만 그렇게 하는 거지!
My husband told me to dye it back...
B 뭐? 말은 쉽지.

tell 문장 훈련 💬

◉ **말해주다** tell + 누구 + 무엇
◉ **알아보다** tell + 차이, 변화

---

01 설마 아직 준비가 덜 됐다는 건 아니겠지.

↳ Don't **tell** me you are not ready yet.

➕ Don't tell me ~! 설마 ~라는 건 아니겠지!

....

02 (제안할 때) 있잖아, 이제 길을 나서자!

↳ I'll **tell you what**, let's hit the road now!

➕ 이야기를 시작할 땐 Guess what? ≒ Here's the thing.

....

03 내게 이래라저래라 하지 마! 내 삶이라고!

↳ Don't **tell me what to do**! It's my life!

➕ talk *someone* into ~ing 누가 ~하도록 설득하다

....

04 이게 될까? 시간만이 말해주겠지.

↳ Will this work out? **Only time will tell.**

....

05 키높이 깔창을 신어 봤어. 알아보겠니(=티 나)?

↳ I tried a heel lift. **Can you tell?**

☑ heel lift 키높이 깔창

....

06 차이를 거의 알아보지 못하겠어.

↳ I can **barely tell** the difference.

....

say 문장 훈련 💬

◐ **말하다** 다양한 관용구

---

07 네 말에 동감해!

↳ You can **say** that again!

➕ You can say that again. 그 말 다시 해도 돼. → 맞는 말이야. 동감해.
➕ ≒ Tell me about it. 내 말이 그 말이야.

....

08 '그냥 한번 해 보라고'? 말하기에는 쉽지.

↳ 'Just go for it'? That's easy for you to **say**.

....

09 네가 괜찮은 남자를 찾는다고 해보자... 그 다음엔 뭐?

↳ Let's **say** you find a nice guy... Then what?

➕ Let's say ~라고 가정해보자

....

10 데이브에게도 안부 전해줘.

↳ **Say** hello to Dave, too, please.

....

11 그저 네 도움에 고맙다는 말을 하고 싶었어.

↳ I just wanted to **say** thanks for your help.

....

12 누가 내가 새 여자 친구를 구했다고 한 거야?

↳ Who **said** that I've got a new girlfriend?

➕ Who says ~? 누가 ~라는 소리를 해?

....

59

일상생활에서 2
know & see

know

89.2만번

'알다'라는 뜻의 동사. 지금 당장 무엇인가를 '이해한다, 알겠다' 라는 뉘앙스의 get이나 see와는 달리, know에는 오래전 부터 평소에 그것을 알고 있었다는 뉘앙스가 있다. 'know *someone* 누구를 (안면이 있어서) 안다'와 같이 쓴다.

⊘ **알다**

Do I **know** you?
제가 당신을 아나요(→누구시더라)?

You **know** Chris from high school?
너 고등학교 때 크리스 알지?

You **know** what?
(의외의 소식을 알리며) 그거 아니?

Who would've **known**?
누가 알았겠어?

see

66.3만번

'보다'라는 뜻의 동사로 많이 알려져 있지만, 생활영어에서는 '(누구를) 만나다', '(지금) 이해한다, 알겠다'라는 뜻으로도 많이 쓰인다. '만나다'라는 뜻으로 쓰일 때는 '사귄다, 연애 한다'라는 뉘앙스로도 종종 쓰인다.

⊘ **만나다**

Long time no **see**.
오랫동안 못 만났네(→오랜만이야).

Is he **seeing** anyone?
걔 누구 만나고 있는(=사귀는) 사람 있니?

⊘ **알다,
이해하다**

I **see** why he's so mad.
왜 그가 몹시 화났는지 이해해.

You'll **see** I was right.
넌 내가 옳았다는 걸 알게 될 거야.

Scene #11 헉, 완전 훈남이 됐네…

A **오랜만이야,** Ginny! It's been ages! ◦ It's been ages!
(못 본 지) 정말 오래됐다!

B Um... **제가 당신을 아나요?**

A It's Chris. We were in the same class! ◦ class 동기
e.g. the class of 2005
2005년도 졸업반

B Oh, **I see**... Wow, Chris.
You've changed... a lot!

A And you haven't changed a bit!

해석 A Long time no see, 지니! (못 본 지) 정말 오래됐다!
B 흠... Do I know you?
A 나 크리스야. 우리 동기였잖아!
B 아, 알겠다... 우와, 크리스. 너 많이... 변했구나!
A 그리고 넌 하나도 안 변했네!

Scene #12 동창 중에 훈남이?!

A Hey, you **know Chris** from high school?

B Oh, yeah. The computer geek? ◦ geek 샌님, ~광

A Yeah! **그거 아니?**
I hear he's a total stud now. ◦ stud 훈남

B Really? Wow, **who would've known**?
By the way, **걔 누구 사귀는 사람 있니?**

해석 A 야, 너 고등학교때 크리스 알지?
B 오, 그럼. 그 컴퓨터광?
A 맞아! You know what? 걔 이제 완전 훈남이라는데.
B 진짜? 와, 누가 알았겠어?
그나저나, is he seeing anyone?

know 문장 훈련 💬

◉ **알다** know + 무엇

---

01 날 믿어. 내가 하는 건 빠삭하게 알아.

↳ Trust me. I **know** what I'm doing.

---

02 너한테 딱인 남자를 알아!

↳ I **know** a perfect guy for you!

☑ perfect 완벽한, 꼭 알맞은

---

03 트레버? 난 그를 속속들이 알지.

↳ Trevor? I **know** him like a book.

➕ know like a book 책처럼 (자세히) 알다

---

04 넌 그에 대해 하나도 몰라!

↳ You don't **know** a thing about him!

➕ = I have no idea[clue]. 전혀 모르겠어.

---

05 너 그 정도로 어리석은 애 아니지 않니?

↳ Don't you **know** better than that?

➕ know better than to ~할 정도로 어리석지는 않다

---

06 다 아는 것처럼 행동하지 마.

↳ Don't act like a **know**-it-all.

☑ know-it-all '난 다 알아'라고 말하는 사람 → 다 아는 체하는 사람
➕ You never know. (사람 일은) 절대 모르는 거야.

---

see 문장 훈련

● **만나다** see + 누구
● **알다, 이해하다** see + 무엇

---

07 만나서 좋았어. 또 만나자!

↳ It was **good to see** you. **See** you around!

➕ Good to see you! 만나서 반갑다!

....

08 이봐, 팀. 날 보자고 했니?

↳ Hey, Tim. Did you **want to see me**?

....

09 우워, 너 병원에 가야겠다.

↳ Whoa, you need to **see a doctor**.

➕ see a doctor 의사를 만나다 → 진료 받다, 병원에 가다

....

10 전 지금 특별히 누구도 사귀고 있지는 않아요.

↳ I'm not **seeing anyone** in particular now.

☑ in particular 특별히

....

11 알았어. 내가 뭘 할 수 있는지 알아볼게.

↳ OK. I'll **see** what I can do.

....

12 넌 내가 옳았다는 걸 알게 될 거야.

↳ You'll **see** I was right.

➕ You will see. 너 두고 봐.
≠ We'll see. (두고 보면) 알게 될 거야. ≒ Let's wait and see. 기다리면서 지켜보자.

....

be

1254만번 K

be 동사로 만든 관용 표현 중 많이 쓰이는 세 가지를 살펴 보자. 'be about to ~하려는 참이다'는 과거형 be 동사와 같이 쓰면, '막 ~하려던 참이었는데!'라는 뉘앙스를 표현할 수 있다. 'be (all) about ~ 위주이다'는 (모임이나 행사의) '주인공이 누구이다'라는 뜻도 되지만, (어떤 사람이) '무엇을 제일 중요시 여긴다'라는 뜻도 된다. be sure to는 '확실히, 반드시 ~을 하다'라는 뜻으로, 중요한 부탁을 하거나 조언을 할 때 많이 쓴다.

- **be sure to**
  확실히 ~하다

  Please **be sure to** invite all his friends over.
  꼭 그의 친구들을 모두 초대해줘.

  Be sure to watch your language.
  말조심하도록 해.

- **be about to**
  ~하려는 참이다

  I **was** just **about to** call you!
  막 네게 전화하려던 참이었는데!

  I**'m about to** meet Dr. Keyser.
  나 카이저 박사님 만나려는 참이야.

- **be (all) about**
  ~ 위주이다

  The party will **be all about** him.
  그 위주의 파티가 될 거야(=파티 주인공은 그야).

  He**'s all about** courtesy.
  그는 예의범절 위주야(→제일 중요시해).

Scene #13 — 나는 파티 플래너!

A Kate, it's Jake.

B Hey, 막 네게 전화하려던 참이었는데!

A To ask me to plan your BF's party, right?

B You got me, heh. ● You got me. 딱 걸렸네.

Please **be sure to invite** all his friends **over**. ● invite ~ over ~를 초대해오다

A Sure thing. 그 위주의 파티가 될 거야.

해석
A 케이트, 나 제이크야.
B 야, I was just about to call you!
A 네 남친의 파티를 계획해달라 요청하려고, 맞지?
B 딱 걸렸네, 헤. 꼭 그의 친구들을 모두 초대해와줘.
A 물론이지. The party will be all about him.

Scene #14 — 혁, 그분을 조심해!

A 나 카이저 박사님 만나려는 참이야.

B Whoa, Dr. Keyser?

A Why...? What's wrong with him?

B He is... not easy to deal with. ● deal with 다루다, 상대하다
말조심하도록 해.
He's **all about courtesy**. ● courtesy 예의범절

해석
A I'm about to meet Dr. Keyser.
B 워, 카이저 박사님?
A 왜...? 박사님이 뭐 잘못됐어?
B 그는... 상대하기 쉽지 않아.
Be sure to watch your language.
그는 예의범절을 제일 중요시하거든.

be 문장 훈련 💬

● 확실히 ~하다 be sure to
● ~하려는 참이다 be about to

---

01 이번에는 꼭 시간 맞춰!

↳ **Be sure to** be on time this time!

☑ on time 제시간에

··

02 이번에는 꼭 시험을 통과할 거야!

↳ I'**m sure to** pass the exam this time!

··

03 이런. 이 파티는 분명 완전한 실패작이 되겠군.

↳ God. This party **is sure to** be a disaster.

☑ disaster 재난; 완전한 실패작

··

04 네 엄마에게 꼭 내 안부를 전해줘.

↳ **Be sure to** give my regards to your mom.

☑ regards 안부

··

05 오, 난 막 집을 떠나려는 참이었어.

↳ Oh, I **was** just **about to** leave my place.

··

06 이런, 나 배고파서 금방이라도 기절하겠어.

↳ God, I **am about to** faint from hunger.

☑ faint 기절하다

··

66

be 문장 훈련 💬

● **~하려는 참이다** be about to
● **~ 위주이다** be (all) about

---

07 우리 막 점심을 먹을 참이었는데. 같이 먹자!

↳ We **were** just **about to** have lunch. Join us!
☑ join 끼다, 합류하다

··

08 그녀는 막 초인종을 울리려는 참이었지.

↳ She **was** just **about to** ring the doorbell.
☑ doorbell 초인종

··

09 왜 모든 게 네 위주여야만 하는데?

↳ Why does everything have to **be about** you?

··

10 우리 엄마는 가족과 가정을 제일 중요시하셔.

↳ My mom **is all about** family and home.

··

11 그 클럽은 그냥 '과시'하는 게 전부인 곳이었어.

↳ The club **was all about** just 'showing off'.
☑ show off 과시

··

12 이게 다 뭐 때문에 그러는 거야?

↳ What **is** this **all about**?

··

'보다 & 말하다'의 유의어들

영어에는 의미가 비슷해 헷갈리는 동사들이 많습니다. '보다'라는 뜻의
동사들이 그런데요. 먼저 look at과 watch는 둘 다 의도적으로 '시선을
돌려 본다'는 의미가 있습니다. watch는 주의 깊게 '지켜본다'는 뉘앙스
이고요. see는 시야에 들어와 '보인다'라는 뉘앙스가 강합니다.

Look at the puppy in the window!
진열창에 있는 저 강아지 좀 봐!

I **watched** my daughter play soccer.
나는 내 딸이 축구하는 것을 지켜봤어.

Do you **see** the sign over there?
저기 있는 표지판 보이니?

'말하다' 동사들도 뉘앙스가 조금씩 다른데요. talk가 주거니 받거니 '얘기를
하다'라는 뉘앙스라면, speak은 다소 일방적으로 '할 말을 하다'라는
뉘앙스입니다. tell은 누구에게 어떤 사실을 '말해준다'는 뜻이고요.
say는 '~라고 말하다'라는 뜻의 동사로, 어떤 주제에 대해 '말을 꺼내다,
한마디 하다'라는 뜻으로도 자주 쓰입니다.

We need to **talk** about it.
우리 그것에 대해 이야기를 나눠야 해.

I need to **speak** to you.
자네에게 할 말이 있네.

Tell me everything.
나에게 전부 말해줘.

Don't **say** a word.
입도 뻥긋하지 마.

Chapter **3**

사무실에서

13개 기초 동사면 영어로 원어민처럼 회사 생활을 할 수 있다!

I've **got** bigger fish to fry.
난 더 중요한 일이 있어.

It**'s** all Greek to me.
하나도 모르겠어.

Put me through to Mr. Smith.
저 스미스 씨에게 전화 돌려주세요.

69

take

67만번

'취하다, 가지다'라는 뜻의 동사. 사무실 맥락에서는 'take over ~을 인계받다, take a day off 하루 휴가를 내다'와 같이 전치사와도 많이 쓴다. 업무 소요 시간을 표현할 때 '(얼마만큼의) 시간이 들다, 걸리다'라는 의미로도 자주 쓴다.

취하다, 가지다

Jack **took** over the project.
잭이 그 프로젝트를 인계받았어요.

I **take** full responsibility for them.
그것들에 대해서는 모두 제가 책임지겠습니다.

시간이 들다

It will **take** a few days of overtime.
초과근무 시간이 며칠 들겠네요.

make

85.7만번

DAY 01에서 '결과적으로' 어떤 행동을 하게 됐다 · 만들어 냈다는 뉘앙스가 있다고 배웠다. 사무실 맥락에서도 어떤 결과나 일을 '해내다, 만들어내다'라는 뜻으로 쓰인다. '하게 하다, 시키다'라는 뉘앙스의 사역동사로도 자주 쓰인다.

~하게 하다

Make it happen.
그것을 되게 하게나(→실현시키게나).

Make the sales goal clear to everyone.
매출 목표를 모두에게 분명하게(→분명히 알게) 하세요.

만들어내다, 해내다

Can you still **make** the deadline, then?
그렇다면 여전히 마감일은 맞출 수 있겠지?

I said "**make** big profits," not "**make** big mistakes"!
내가 '큰 수익을 만들라'고 했지, '큰 실수를 하라'고는 안 했어!

Scene #1 라, 야근이다~

A Where is your boss?

B He **took a few days off** for personal reasons.
Jack **took over** the project. ● take over 인계받다

A Can you still **make the deadline**, then?

B 초과근무 시간이 며칠 들겠네요, but... ● overtime 초과 근무

A Good. 실현시키게나.

해석 A 자네 상사는 어디에 갔나?
　　 B 개인적인 사정으로 **며칠 휴가를 냈습니다.**
　　　　 잭이 그 프로젝트를 인계받았어요.
　　 A 그럼 여전히 **마감일은 맞출 수 있는 건가?**
　　 B It will take a few days of overtime, 하지만...
　　 A 좋아. Make it happen.

Scene #2 돈 벌기 참 힘들군...

A Trevor, 내가 '큰 수익을 만들라'고 했지,
'큰 실수를 하라'고는 안 했어!

B It's all my fault.
그것들에 대해서는 모두 제가 책임지겠습니다.

A Alright. I'll let it slide this time. ● let ~ slide ~을 넘어가다, 내버려 두다
But don't let me down again. ● let one down ~를 실망시키다

해석 A 트레버, I said "make big profits,"
　　　　 not "make big mistakes"!
　　 B 모두 제 잘못입니다.
　　　　 I take full responsibility for them.
　　 A 좋아. 이번에는 넘어가도록 하지.
　　　　 하지만 또 날 실망시키지는 말게.

take 문장 훈련 💬

● **취하다, 가지다** take + 다양한 전치사
● **시간이 들다** take + 시간

---

01   (천천히) 시간을 갖고 제대로 하세요.

> ↳ Please **take** your time and do it right.

....

02   미안해요, 이 문제는 제가 처리할게요.

> ↳ Sorry, I will **take** care of this problem.
>
> ☑ care 돌봄, 보살핌

....

03   나는 새 프로젝트들로 위험을 감수하지 않겠어.

> ↳ I'm not gonna **take** risks with new projects.
>
> ➕ ↔ play it safe 안전하고 무난하게 하다
> ☑ be gonna(= be going to) ~할 것이다

....

04   그녀는 6개월 간 출산 휴가를 냈다.

> ↳ She **took** six months off for maternity leave.
>
> ☑ maternity leave 출산 휴가

....

05   월례 회의는 한 시간 이상이 걸렸다.

> ↳ The monthly meeting **took** over an hour.

....

06   귀하의 상품은 도착하는 데 영업일로 3~5일이 걸릴 겁니다.

> ↳ Your package will **take** three to five business days to arrive.
>
> ☑ business day 영업일(공휴일, 주말을 제외한 업무일)

....

make 문장 훈련

● **~하게 하다** make + 무엇 + 형용사, 동사
● **만들어내다, 해내다** make + 일, 결과물

---

07 오늘 업무 종료 시까지 그것을 되게 합시다.

↳ Let's **make** it happen by COB today.
☑ COB[close of business] 업무 종료

08 내 말뜻 분명히 이해했겠지?

↳ Did I **make** myself clear?
➕ make *oneself* clear (about) (~에 대해) 스스로를 분명히 하다 → 의견을 분명히 하다

09 휴. 우리 간신히 마감일을 맞췄네.

↳ Whew. We barely **made** the deadline.
➕ meet the deadline 마감일을 맞추다

10 네가 상황을 끔찍한 엉망진창으로 만들었잖아!

↳ You **made** a terrible mess of the situation!
☑ mess 엉망진창

11 우리는 제시간에 해내지 못할 거야.

↳ We're not going to **make** it on time.
☑ on time 제시간에

12 조용히 지나가고 소란 만들지 말아줘.

↳ Please go quietly and don't **make** a scene.
☑ scene 소란, 난리

73

사무실에서
leave & get

leave

24만번

'남겨두다'라는 뜻의 동사. 사무실 맥락에서는 연락한 사람이 '메모'나 '음성 메시지' 등을 남길 때 특히 많이 사용한다. 남겨두고 떠난다는 의미에서 '자리를 뜨다, 떠나다'라는 뜻으로도 쓰인다. 'leave the office 사무실을 나서다'와 같이 쓴다.

◐ 남겨두다

Leave her a note.
그녀에게 메모 남겨둬요.

I **left** a message with your secretary.
당신 비서에게 메시지를 남겨뒀어요.

◐ 떠나다

I have to **leave** early today.
저 오늘 일찍 자리를 떠야 해요.

get

99.2만번

'얻다'라는 뜻의 동사이지만, 사무실 맥락에서는 'get the phone 전화를 받다'와 같이 '연락을 하다·받다'라는 의미로 많이 쓴다. 'have['ve] got'의 형태로 쓰면 '가지고 있다'라는 뜻인데, 자신에게 주어진 업무나 일을 표현할 때 많이 쓴다.

◐ 가지고 있다

I've **got** a family emergency.
집에 급한 일이 있어요.

I've **got** bigger fish to fry.
더 중요한 일이 있어.

**◐ 연락을 하다
·받다**

I couldn't **get** a hold of her.
그녀에게 연락할 수가 없었어요.

Hey, **get** the phone. It's ringing.
야, 전화 받아. 전화 울리잖아.

Scene #3 급하게 오후 반차 좀…!

A 저 오늘 일찍 자리를 떠야 해요.

I've got a family emergency. ⊙ family emergency 급한 가정사

B Did you get permission from your manager?

A No, I couldn't **get a hold of her**. ⊙ get a hold of ~와 연락이 닿다

B Then, at least 그녀에게 메모 남겨둬요.

해석 **A** I have to leave early today.
집에 급한 일이 있어요.
B 부장님께 허락 받았나요?
A 아니요, 그녀에게 연락할 수 없었어요.
B 그럼, 최소한 leave her a note.

Scene #4 나 한가한 사람 아니야~

A 야, 전화 받아. It's ringing.

B Huh? I never **get phone calls**.

Hello? (…) Sorry, I don't have time for this.

A Huh? Why did you just hang up? ⊙ hang up 전화를 끊다

B It was just a phone poll.

더 중요한 일이 있어 at the moment. ⊙ bigger fish to fry 더 중요한 일

해석 **A** Hey, get the phone. 전화 울리잖아.
B 응? 난 (보통은) 전화가 전혀 오질 않는데.
여보세요? (…) 미안하지만, 이런 거 할 시간 없어요.
A 엥? 왜 그냥 끊었어?
B 그냥 전화 설문 조사였어.
I've got bigger fish to fry 지금은.

leave 문장 훈련 💬

- **남겨두다** leave + 메모, 메시지
- **떠나다** leave + 장소

---

01 메시지를 남기길 원하시나요?

↳ Would you like to **leave** a message?

··

02 그녀에게 음성 메시지를 남겼어요.

↳ I **left** her a voice mail.

☐ Did you get my voice mail? 내 음성 메시지 받았니?

··

03 당신의 연락처 정보를 남겨주세요.

↳ Please **leave** your contact information.

··

04 걱정 마. 그 일은 그냥 내게 맡겨 둬.

↳ Don't worry. Just **leave** it to me.

☐ leave it to ~에게 일을 넘기다

··

05 그는 좀 더 좋은 자리를 얻기 위해 회사를 떠나요.

↳ He's **leaving** the company for a better job.

☐ quit은 '때려치운다'는 강한 표현이므로 주의!
  e.g. I quit! 저 때려치웁니다!

··

06 진료 예약 때문에 자리를 떠야 해요.

↳ I have to **leave** for a doctor's appointment.

☑ a doctor's appointment 진료 예약

··

get 문장 훈련

❷ **가지고 있다** 've got + 무엇
❷ **연락을 하다 · 받다** get + 연락

---

07 잘못 거신 것 같아요.

↳ I think you've **got** the wrong number.

....

08 밀린 일이 많이 있어요.

↳ I've **got** a lot of work to catch up on.

☑ catch up on ~을 따라잡다, 만회하다

....

09 걱정 마. 내가 맡았어(=잘할 수 있어).

↳ Don't worry. I've **got** this.

➕ ≒ I'm on it. 내가 할게.
  cf. I've got your back. 네 뒤는 내가 맡았어(=지지해줄게).

....

10 야, 너! 신참! 전화 받아!

↳ Hey, you! New guy! **Get** the phone!

➕ = Answer the phone! = Pick up the phone!

....

11 다른 전화가 또 왔네요.

↳ I **got** a call on the other line.

➕ 통화 중에 같은 회선으로 다른 전화가 걸려 왔을 때 쓰는 표현

....

12 어디 있었어요? 우리가 연락하려고 했다고요.

↳ Where were you? We tried to **get** a hold of you.

....

사무실에서
work & get

work

31.8만번

'일하다'라는 뜻의 동사. 'work for 회사/상사 ~ 밑에서 일하다, work in/on 부서 ~에서 일하다'와 같이 다양한 전치사와 함께 쓰인다. 사무용품의 작동·고장 여부를 나타낼 때도 자주 쓴다. 'It's not working. 작동하지 않아요.'와 같이 쓴다.

➔ 일하다

You **worked** overtime last night, too!
당신 어젯밤에도 초과 근무했잖아!

What's it like **working** on the IT team?
IT팀에서 일한다는 건 어때?

➔ 작동하다

We fix anything that doesn't **work**.
우린 작동하지 않는 건 다 고쳐.

God, my computer stopped **working**!
이런, 내 컴퓨터가 작동을 멈췄어!

get

99.2만번

get은 '하게 하다'라는 뜻으로도 자주 쓰인다. make처럼 노골적으로 강요한다는 뉘앙스보다는, 설득하거나 상황을 몰아가서 하게 만든다는 뉘앙스가 더 강하다. 또한, 뒤에 장소의 부사구가 나오면 '이르다, 가다'라는 의미도 된다.

➔ ~하게 하다

My boss **got** me to work late again.
내 상사가 날 또 초과 근무하게 했어.

They **got** us to fix the lights.
그들은 우리가 전등을 고치게 했어.

➔ 이르다, 가다

When will you **get** home?
집에 언제 와?

I have to **get** back to work now.
이제 일로 다시 돌아가야 해(=다시 일하러 가야 해).

Scene #5 여보, 또 야근이야?

Ⓐ Honey, 집에 언제 와?

Ⓑ Sorry. My boss **got me to work late** again.

Ⓐ But 당신 어젯밤에도 초과 근무했잖아!

Ⓑ Well, I just started working here. ⊙ start ~ing ~하기 시작하다
Sorry, I have to **get back to work** now.

해석 Ⓐ 자기야, when will you get home?
Ⓑ 미안해. 내 상사가 날 또 늦게까지 일하게 했어.
Ⓐ 하지만 you worked overtime last night, too!
Ⓑ 뭐, 나 여기서 이제 막 일하기 시작했는걸(=신입인걸).
미안, 나 이제 다시 일하러 가야만 해.

Scene #6 내가 전기 기사도 아니고…

Ⓐ What's it like **working on the IT team**? ⊙ What's it like ~?
~는 어때?

Ⓑ No fun at all.
우린 작동하지 않는 건 다 고쳐.

Ⓐ Oh? Like what?

Ⓑ Yesterday, **그들은 우리가 전등을 고치게 했어.**

Ⓐ **Get out of here!** ⊙ Get out of here! 말도 안 돼!

해석 Ⓐ IT 팀에서 일하는 건 어떠니?
Ⓑ 전혀 재미없어. We fix anything that doesn't work.
Ⓐ 오? 어떤 거?
Ⓑ 어제, they got us to fix the lights.
Ⓐ 말도 안 돼!

work 문장 훈련 💬

◉ **일하다** work + 다양한 전치사
◉ **작동하다** 기기, 기능 + work

---

01 (공무원으로) 정부를 위해 일한다는 건 어때?

↳ What's it like to **work** for the government?

....

02 이번 주에 초과 근무를 해야만 해.

↳ I have to **work** overtime this week.

☑ overtime 근무 시간을 초과하여, 시간 외로

....

03 나는 회계부에서 일해.

↳ I **work** in the accounting **department**.

☑ the accounting department 회계부

....

04 일 분만 주세요. 그거 하는 중입니다.

↳ Give me a minute. I'm **working** on it.

➡ work on은 착수해서 '노력하다, 준비하다'라는 뉘앙스

....

05 프린터기 지금은 잘 작동해.

↳ The printer **works** fine now.

....

06 제 컴퓨터에서 인터넷이 작동하지 않아요.

↳ The Internet isn't **working** on my computer.

....

80

get 문장 훈련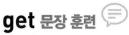

get 문장 훈련

◉ **~하게 하다** get + 무엇 + 보어, to동사
◉ **이르다, 가다** get + 장소

---

07 처음 할 때 제대로 해.

↳ **Get it done** right the first time.

☑ right 제대로, 올바르게

....

08 빨리 움직이자.

↳ Let's **get a move on** already.

➕ get a move on 움직임(move)을 켜(on)다 → 서두르다(=hurry up)

....

09 내 상사가 나를 이번 주에 초과 근무하게 했어.

↳ My boss **got me to work overtime** this week.

....

10 그만 횡설수설하고 빨리 요점으로 가(=요점을 말해).

↳ Stop rambling and **get to the point** already.

☑ ramble 횡설수설하다

....

11 그만해. 그냥 썩 꺼져!

↳ Save it. Just **get out of my sight**!

☑ sight 시야

....

12 점심시간 후에 너에게 다시 연락할게.

↳ I'll **get back to you** after lunch.

....

사무실에서
go & keep

go

115만번

'가다'라는 뜻의 동사. 'go on vacation 휴가를 가다'와 같이 to 이외의 전치사도 같이 자주 쓰인다. 특히 사무실 맥락에서는 'How did it go? 그거 어떻게 됐어?, Let's go for it. 그걸로 하자.'와 같이 (일이) '되다', (일을) '하다'의 의미로 많이 쓰인다.

⊘ **가다**

I'm going on a business trip.
나는 출장을 간다네.

She has already gone for the day.
그녀는 이미 (마치고) 갔어요(=퇴근했어요).

⊘ **(일이) 되다,
(일을) 하다**

How did the interview go?
인터뷰 어떻게 됐어?

They usually go by the book.
그들은 보통 책대로(→원칙대로) 하거든.

keep

23.1만번

'고수하다, 계속하다'라는 뜻의 동사. 'keep to the plan 계획대로 하다, keep ~ing 계속 ~하다'와 같이 쓴다. 어떤 것의 상태를 계속 같게 유지한다는 의미로 'keep it simple 간단하게 하다'와 같이 목적어와 함께 쓰기도 한다.

⊘ **계속 ~하게
하다**

Keep me posted on your progress.
자네 진행 상황에 대해 내가 계속 알고 있게 해주게.
➕ post (정보를) 올리다, 게시하다

Keep this to yourself.
이 일은 계속 너에게 있게 해(=너만 알고 있어).

⊘ **지속하다,
고수하다**

Well, if I keep to my schedule.
뭐, 내가 일정을 지킨다면야.

I will keep working on this project.
전 이 프로젝트 업무를 계속하고 있을게요.

Scene #7 — 보고 꼭 해줘~!

A **나는 출장을 간다네.** ❶ business trip 출장

B OK. I will **keep working** on this project.

A **자네 진행 상황에 대해 내가 계속 알고 있게 해주게** while **I'm gone**.

B Will do. ❶ 그렇게 할게요.

A Thanks. **Keep up the good work**.

해석 A I'm going on a business trip.
  B 네. 전 이 프로젝트 업무를 계속 하고 있을게요.
  A Keep me posted on your progress 내가 가 있는 동안.
  B 그렇게 할게요.
  A 고맙네. 계속해서 잘해주게.

Scene #8 — 능력자라면 재택근무도 OK!

A **인터뷰 어떻게 됐어?**

B They will let me work from home.
  뭐, 내가 일정을 지킨다면야.

A Way to go. ❶ 잘했어.
  They usually **go by the book**. ❶ go by the book 원칙대로 하다

B Oh, then, **keep this to yourself**.

해석 A How did the interview go?
  B 그들이 날 집에서 일하게 해줄 거야.
    Well, if I keep to my schedule.
  A 잘했어. 그들은 보통 원칙대로 하거든.
  B 오, 그렇다면, 이 일은 너만 알고 있어줘.

go 문장 훈련 💬

❍ **가다** go + 다양한 전치사
❍ **(일이) 되다, (일을) 하다** 다양한 관용구

---

01   그녀는 일주일 간 휴가를 갔다.

   ↳ She **went** on vacation for a week.

....

02   네 상사가 벌써 (오늘을 마치고) 갔니?

   ↳ Has your boss already **gone** for the day?

....

03   읔. 또 시작이군.

   ↳ Ugh. Here we **go** again.

....

04   됐다. 이제 인터넷 작동해.

   ↳ **There we go**. The Internet is working now.

      ➕ *cf.* Way to go. 잘했어.

....

05   좋은 생각인 것 같네. 해봅시다.

   ↳ That sounds like a plan. Let's **go** for it.

      ➕ That's a good idea. 좋은 생각이야.
      I'm all for it. 전적으로 동의해.

....

06   그 계획대로 추진해도 됩니다.

   ↳ You can **go** ahead with that plan.

      ☑ ahead 앞으로

....

keep 문장 훈련

● **계속 ~하게 하다** keep + 무엇 + 보어, 전치사
● **지속하다, 고수하다** 다양한 관용구

---

07 제가 모든 변동 사항들을 계속 알고 있게 해주세요.

↳ **Keep** me informed of any changes.

⊕ = keep me updated on ~ 상황 계속 알려줘
☑ inform 알리다   update (정보를) 업데이트하다

---

08 이 정보는 당신만 알고 있으세요.

↳ Please **keep** this information to yourself.

---

09 우리는 상사에게서 그 소식을 숨겼어.

↳ We **kept** the news from our boss.

---

10 그냥 원래 계획대로 합시다.

↳ Let's just **keep** to the original plan.

☑ original 원래의
⊕ = stick to (계획 등을) 고수하다

---

11 잘했어! 계속 잘해주게나.

↳ Good job! **Keep** up the good work.

---

12 제 이전 직장 동료들과 연락을 계속해 왔어요.

↳ I've **kept** in touch with my former coworkers.

☑ in touch with ~와 연락하며 지내는

85

사무실에서
get & be

get

99.2만번

get은 '되다'라는 뜻도 있는데, 수동태처럼 과거분사와 자주 쓰인다. 사무실 맥락에서는 'get promoted 승진되다, get paid (돈을) 받게 되다'가 대표적인 예이다. '이해하다, 받아들이다'라는 뜻도 있는데, 'Got it. 알겠어.'와 같이 쓴다.

● 되다

Will I **get** fired too?
저도 해고되나요?

You won't **get** paid more.
자네는 돈을 더 받게 되지는 않을 거야.

● 이해하다

I don't **get** it.
이해가 안 돼요.

I'm **getting** the hang of this job.
나 이 일의 요령을 알아가고 있어.

be

1254만번

'어떠하다, 무엇이다'라는 뜻의 동사. 'be a quick learner 일을 빨리 배운다, be great with computers 컴퓨터를 잘한다'와 같이 직원 개개인을 묘사하는 표현도 있지만, 'That's a tall order! 그건 무리한 요구예요!'와 같이 사안을 묘사하는 표현도 많다.

● 어떠하다,
무엇이다

I'**m** your new assistant, Tim.
저는 당신의 새로운 조수, 팀입니다.

It'**s** all Greek to me.
나한텐 다 그리스어(=외계어)야(→하나도 모르겠어).

I'**m** good with computers.
저는 컴퓨터를 잘해요.

Scene **#9**   이런 게 바로 속 빈 강정…

A Jim, I have to cut down on staff soon.   ◎ cut down on ~을 줄이다

B Oh, **저도 해고되나요?**

A You will **get**... **promoted.**
   But, **자네는 돈을 더 받게 되지는 않을 거야.**

B Huh? **이해가 안 돼요.**
   Then **what's the point**?   ◎ point 소용, 의미

해석 A 짐, 곧 인력 감원을 해야만 하네.
     B 오, will I get fired too?
     A 자네는 승진...될 거야.
        하지만, you won't get paid more.
     B 엥? I don't get it. 그럼 그게 무슨 소용인가요?

Scene **#10**   열심히 돕겠습니다!

A Good morning, Mrs. Brown.
   저는 당신의 새 조수, 팀입니다, at your service.   ◎ at your service 분부만 내려주세요

B Oh, then please help me with this.
   It's all Greek to me.   ◎ be all Greek 하나도 모르는 것이다

A Sure thing.   ◎ Sure thing. 물론이죠.
   저는 컴퓨터를 잘해요.

해석 A 브라운 씨, 좋은 아침입니다.
        I'm your new assistant, Tim, 분부만 내려주세요.
     B 오, 그렇다면 이것 좀 도와주게나. 하나도 모르겠어.
     A 물론이죠. I'm good with computers.

get 문장 훈련 💬

◐ **되다** get + 형용사, 과거분사
◐ **이해하다** get + 무엇

---

01 주식시장이 천천히 나아지고 있어.

↳ The stock market is slowly **getting** better.

➕ go down 침체되다

....

02 나는 매달 15일에 월급을 받아.

↳ I **get** paid on the 15th of every month.

....

03 난 급하게 온 전화로 인해 산만해졌어.

↳ I **got** distracted by an urgent phone call.

☑ distracted 산만해진

....

04 내 아이디어가 뚜렷한 이유도 없이 거절됐어.

↳ My idea **got** rejected with no clear reason.

☑ reject 거절하다
➕ get rejected = get shot down

....

05 너 사장님 농담 이해했어? 난 못했어.

↳ Did you **get** the president's joke? I didn't.

....

06 내가 드디어 이 일의 요령을 알아가고 있는 거 같아.

↳ I think I'm finally **getting** the hang of this job.

☑ hang 요령

....

88

● 어떠하다, 무엇이다 be + 보어

---

07 이 법률 용어들 하나도 모르겠는걸.

↳ These legal terms **are** all Greek to me.

....

08 그는 기계는 굉장히 잘 다루지만, 사람은 그러지 못해.

↳ He**'s** great with machines, but not with people.

➕ = be good at ~을 잘한다 = be cut out for ~에 제격이다

....

09 이 결과들 뭔가 잘못됐어.

↳ Something**'s** not right with these results.

....

10 그녀는 일은 빨리 배우지만 협력은 잘 못해.

↳ She **is** a quick learner but not a team player.

☑ a team player 협력을 잘하는 사람

....

11 그건 무리한 요구예요, 제가 바빠서요.

↳ That**'s** a tall order, since my hands **are** full.

➕ That's beyond my ability. 그건 제 능력 밖이에요.

....

12 그녀를 채용하기로 한 결정은 고민도 필요 없는 쉬운 일이었다.

↳ The decision to hire her **was** a no-brainer.

☑ a no-brainer 고민도 필요 없는 쉬운 일

....

사무실에서
do & be

do

257만번

사무실 맥락에서 '일을 한다, 수행한다'라는 의미로 가장 흔하게 쓰이는 동사가, work도 아닌 바로 이 do 동사다. 때문에 '일을 끝내다, 완료하다'라는 의미로도 자주 쓰이는데, 이때는 수동형인 'be done'으로 사용된다.

◎ 하다

Let's just **do** our best.
그냥 최선을 다해보자.

I can **do** better.
더 잘할 수 있습니다.

◎ 끝내다

When will you **be done** then?
그럼 언제 끝나는 거지?

I'll **be done** by Thursday.
목요일까지는 끝날 겁니다.

be

1254만번

be 동사는 전치사와 쓰이면 '있다'라는 뜻인데, 사무실 맥락에서는 주로 'be behind schedule 일정에 뒤쳐져 있다'와 같이 일정을 나타내는 표현으로 쓰인다. 'be on the right track 맞는 길에 있다 → 잘하고 있다'와 같이 비유적 표현도 많다.

**◎ 어디에 있다,
언제이다**

We**'re** behind schedule.
우린 일정에 뒤쳐져 있어.

We **are** on the right track.
우린 옳은 길 위에 있어(→잘하고 있어).

We**'re** on a tight schedule.
우린 일정이 빠듯하다고.

Scene #11 아슬아슬 마감일!

A Our big deadline **is just around the corner**,
   but 우린 일정에 뒤쳐져 있어. Ugh. ◦ just around the corner
                                          바로 코앞에 있는

B Yeah. We won't make it on time.
   Our jobs might **be at stake**! ◦ at stake 화형대에 있는 → 위태로운

A No. 우린 잘하고 있어.
   Let's just **do our best**.

해석 A 중요한 마감일이 **바로 코앞에 있어**,
         그런데 we're behind schedule. 윽.
      B 맞아. 우린 제시간에 못 해낼 거야.
         우리 일자리가 위태로울지도 모른다고!
      A 아냐. We are on the right track.
         그냥 **최선을 다해보자**.

Scene #12 이 정도밖에 못해?!

A Is this **best you can do**?
   I thought we **were on the same page**. ◦ be on the same page
                                              이해하는 내용이 같다
                                              → 생각이 같다, 동의하다

B Sorry, sir. 더 잘할 수 있습니다.

A **When will you be done** then?
   우린 일정이 빠듯하다고.

B **I'll be done** by Thursday.

해석 A 이게 자네가 **할 수 있는 최선**인가?
         우리가 **같은 생각**인 줄 알았는데.
      B 죄송합니다. I can do better.
      A 그럼 **언제 끝나는** 거지?
         We're on a tight schedule.
      B 목요일까지 **끝내겠습니다**.

do 문장 훈련 💬

◉ **하다** do + 일, 업무
◉ **끝내다** be done (with + 일)

---

01   이거 반대로 해야 되나요?

↳ Should I **do** this the other way around?

☑ the other way around 정반대의 방식방법으로

· ·

02   미안하지만, 못 해. 네 일을 해주진 않을 거야.

↳ Sorry, no can **do**. I'm not **doing** your job.

⊕ No can do. 안 돼요. 못 합니다.

· ·

03   물어보고 다니기 전에 공부 좀 해.

↳ **Do** your research before asking around.

☑ ask around 여기저기 물어보고 다니다

· ·

04   초안은 언제 끝나요?

↳ When will you be **done** with the first draft?

· ·

05   봤지? 바로 이렇게 하는 거야.

↳ Did you see that? That's how it's **done**.

☑ That's how it's done. (어려운 일을 해낸 뒤) 바로 이렇게 하는 거란다.
⊕ Well done. = Nicely done. 잘했어.

· ·

06   마침내 보고서를 쓰는 걸 마쳤어.

↳ I'm finally **done** writing my report.

· ·

● **어디에 있다, 언제이다** be + 전치사

---

07   5월부터 실직 상태에 있어요.

    ↳ I have **been** out of work since May.

      ✚ be in between jobs 구직 활동 중이다

....

08   오늘 아무도 사무실에 없어요.

    ↳ No one **is** in the office today.

....

09   미안하지만, 우리 예산이 빠듯해.

    ↳ Sorry, but we **are** on a tight budget.

      ☑ budget 예산

....

10   내가 그런 일이나 하려고 여기 있는 건 아니라고.

    ↳ That**'s** not in my job description.

      ✚ = That's not what I signed up for.
      ☑ job description 직무 내용 설명서, 작업 지시서

....

11   그녀는 한 달 더 출산 휴가를 갔어요.

    ↳ She**'s** on maternity leave for another month.

      ☑ maternity leave 출산 휴가

....

12   프로젝트는 다음 주 금요일이 마감이에요.

    ↳ The project **is** due next Friday.

      ☑ due ~로 예정된

....

DAY 21

사무실에서
call & talk

---

call

30.8만번

'전화하다'라는 뜻의 동사. 'call *someone* back 다시 전화
해주다, call in sick 아파서 전화하다 → 병가를 내다'와 같이
쓰인다. '~라고 부르다'로도 쓰이는데, 'Just call me *이름*,
애칭 ~라고 불러줘요.'는 편한 호칭으로 부르라는 뜻이다.

◐ **전화하다**

Sorry, let me **call** you back.
미안, 다시 전화할게.

She **called** in sick today.
그녀는 오늘 아파서 전화했습니다(=병가를 냈습니다).

◐ **~라고 부르다**

You **call** that 'urgent'?
그걸 '긴급하다'고 하시는 거예요?

Just **call** me Deb.
그냥 뎁이라고 불러줘요.

---

talk

22.9만번

'대화하다, 이야기하다'라는 뜻의 동사. 'Can you talk
now? 지금 얘기 좀 할 수 있니?, She can't talk right
now. 그녀는 지금은 대화할 수 없어요.'와 같이 쓴다. 'talk
to the manager 담당자(윗사람)에게 이야기하다'와 같이
다양한 전치사와도 많이 쓴다.

◐ **이야기하다**

Can you **talk** now?
지금 얘기할 수 있니?

Sorry, she can't **talk** right now.
미안하지만, 그녀는 지금 이야기할 수 없어요.

What are you **talking** about?
당신 무슨 말을 하는 거예요?

94

Scene #13 전화가 끊겨!

A Hello? Katie speaking. ⊙ ~ speaking. ~가 말하고 있습니다. → ~입니다.

B Hey, it's Jon. **지금 얘기할 수 있니?**

A Hello? Are you there?
You're breaking up. ⊙ break up (통화가) 끊기다

B **미안, 다시 전화할게.**
The connection isn't good here.

해석 A 여보세요? 케이티입니다.
B 이봐, 나 존이야. Can you talk now?
A 여보세요? 들리니?
너 (목소리가) 자꾸 끊겨.
B Sorry, let me call you back.
여기 통화 연결이 좋지 않네.

Scene #14 부장님, 그런 건 좀 알아서…

A Hello. Can I speak to Linda?
It's urgent.

B Sorry, she **can't talk right now.**
그녀는 오늘 병가를 냈습니다. ⊙ call in sick (전화로) 병가를 내다

A But the coffee machine doesn't work!

B **그걸 '긴급하다'고 하시는 거예요?**

해석 A 여보세요. 린다와 통화할 수 있을까? 긴급한 일이야.
B 죄송하지만, 그녀는 지금 이야기할 수 없어요.
She called in sick today.
A 하지만 커피 머신이 작동하지 않는다고!
B You... call that 'urgent'?

call 문장 훈련 💬

◐ **전화하다** call + 다양한 전치사
◐ **~라고 부르다** call + 무엇 + ~라고

---

01 내일 다시 전화드려도 될까요?

> ↳ Can I **call** you **back** tomorrow?

➕ return a call 전화로 회신하다
RSVP는 프랑스어 'Répondez s'il vous plaît(=Reply, please. 회신 부탁드립니다.).'의 약자. 메일, 서신 등에 자주 쓰임

....

02 그녀가 집에서 쉬려고 전화로 병가를 냈어.

> ↳ She **called** in sick to rest at home.

....

03 상세한 내용은 나중에 전화로 알려 드리겠습니다.

> ↳ I'll **call** you later with the details.

➕ I'll text[message] you later. 나중에 문자[메시지] 보낼게.

....

04 사라 스탠리 씨와 통화하려고 전화했는데요.

> ↳ I'm **calling** to speak to Ms. Sara Stanley.

....

05 '존스 씨'라고요? 아뇨... 그냥 알렉스라고 불러줘요.

> ↳ 'Mr. Jones'? No... just **call** me Alex.

....

06 오늘은 이만 마치자.

> ↳ Let's just **call** it a day.

➕ (지금까지의 것을) 하루라 부르자 → 하루 일은 다 했다고 치자.
= That's it for the day. 오늘은 여기까지.

....

talk 문장 훈련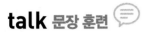

◉ **이야기하다** talk (+ 다양한 전치사)

---

07 맞아! 내 말이 그거야.

↳ Yes! **That's what I'm talking about.**

....

08 부인, 지금 말씀 나누기 괜찮은 시간인가요?

↳ Is now a **good time to talk**, ma'am?

➕ = Can you talk now? 지금 이야기 할 수 있니?
≒ Is now a bad time? 지금 이야기하기 어렵니?

....

09 미안한데, 지금 당장은 이야기할 수가 없어.

↳ Sorry, I can't **talk right now.**

....

10 담당자에게 이야기할 수 있을까요?

↳ Can I **talk to** the person in charge?

☑ in charge ~을 맡은, 담당하고 있는

....

11 이 문제는 끝까지 제대로 이야기해 보자.

↳ Let's **talk through** this problem.

....

12 바로 그거야. 프린터가 드디어 작동하는군!

↳ Now we're **talking.** The printer finally works!

➕ 이제야 말이 통하네. → 바로 그거야.
cf. Money talks. 돈이면 말이 통한다. → 돈이면 다 된다.

....

사무실에서
put & see

put

 23.7만번

무엇을 '어디에 두다'라는 뜻의 동사. 사무실 맥락에서는 'put *one's* phone on mute ~의 전화를 무음으로 해두다, put *something* off ~을 떼어 두다 → 미루다'와 같이 비유적으로 많이 쓰인다. 다양한 전치사와 쓰이니 두루 연습해 두자.

◐ ~에 두다

I **put** my phone on mute.
핸드폰을 무음으로 두었어요(=해놨어요).

I'd **put** a rush on that.
나라면 그 일에 서두름을 두겠어(→서두르겠어).

He **puts** everything off for days, too!
걔 하는 일마다 며칠씩 미루기도 하잖아!

see

66.3만번

'보다'라는 뜻의 동사. look at이나 watch와는 달리 일부러 살펴본다는 뉘앙스보다는, 시야에 들어와서 '보인다'라는 뉘앙스가 강하다. 사무실 맥락에서는 '알다, 이해하다'라는 의미로도 많이 쓴다. 'I see your point. 요점은 알겠어요.'와 같이 쓴다.

◐ 보다

I don't **see** Louis, the web developer.
웹 개발자인 루이스가 안 보여.

I don't **see** him either.
나도 그가 안 보여.

◐ 알다,
이해하다

Let me **see** if he still needs help.
아직 그가 도움이 필요한지 알아볼게요.

I don't **see** why they don't fire him.
왜 그를 해고하지 않는지 이해가 안 돼.

Scene #15   으악! 부장님 호출!

A   Hey, why didn't you answer my call?
   Mr. Smith was looking for you.   ● look for ~을 찾다

B   Sorry, 핸드폰을 무음으로 해놨어요.
   아직 그가 도움이 필요한지 알아볼게요.

A   I'd **put a rush on that**.
   He looked pissed.   ● pissed 매우 화가 난 = ticked

해석   A   이봐, 왜 내 전화 안 받았어?
      스미스 씨가 자네를 찾았다고.
      B   미안해요, I put my phone on mute.
      Let me see if he still needs help.
      A   나라면 서두르겠어. 그가 몹시 화나 보였거든.

Scene #16   자꾸 빤질거릴 거야?

A   **I don't see Louis**, the web developer.
   I need to **put this ad up** on the website now.   ● ad 광고

B   Oh, 나도 그가 안 보여.

A   God. He is never around...   ● be around 가까이 있다, 주변에 있다
   걔 하는 일마다 며칠씩 미루기도 하잖아!

B   Ugh. **I don't see** why they don't fire him.   ● fire 해고하다

해석   A   웹 개발자인 루이스가 안 보이는데.
      지금 웹사이트에 이 광고를 올려야 해.
      B   오, I don't see him either.
      A   아오 진짜. 걔는 주변에 있는 꼴을 못 봐요...
      He puts everything off for days, too!
      B   윽. 왜 그를 해고하지 않는지 이해가 안 돼.

99

put 문장 훈련 💬

● **~에 두다** put + 무엇 + 어디에

---

01 함께 머리를 모아서 이것을 어떻게든 끝내자.

> ↳ Let's **put** our heads together and somehow get this done.

....

02 저희 제품들을 막 시장에 출시했어요.

> ↳ We've just **put** our products **on the market**.

....

03 회사에선 핸드폰을 무음으로 해 두세요.

> ↳ Please **put** your phone on mute at work.

....

04 이 프로젝트 외에 다른 모든 것은 제쳐 두세요.

> ↳ **Put** everything else aside but this project.

> ☑ aside 한쪽으로, 따로   but ~를 제외하고

....

05 저 스미스 씨에게 전화 돌려주세요.

> ↳ **Put** me through to Mr. Smith.

> ☑ through ~을 뚫고, 지나

....

06 당장 당신 관리자(=윗사람) 바꿔!

> ↳ **Put** your manager on the phone now!

> ☐ put A through to B   vs.   put B on the phone
>   A의 전화를 B에게 돌려주다   B를 전화기로 불러와 바꿔주다

....

100

see 문장 훈련

◐ **보다** see + 시야에 보이는 것
◐ **알다, 이해하다** see + 이해하는 내용

---

07 보시다시피, 프로젝트는 일정대로입니다.

↳ **As you can see**, the project is on schedule.
  ☑ on schedule 일정대로인, 일정에 맞는
  ↔ behind schedule 일정에 뒤쳐진

....

08 내 스테이플러가 안 보이네.

↳ **I don't see** my stapler.

....

09 그렇게 될지 예상치 못했어.

↳ **I did not see** that coming.
  ☑ see *something* coming 어떤 일이 닥쳐오는 것을 미리 보다 → 예상하다

....

10 그가 사무실에 있는지 알아볼게요.

↳ **Let me see** if he's in his office.
  ☑ if ~ 인지 아닌지

....

11 당신 요점을 알겠어요. 그렇게 하죠 그럼.

↳ **I see** your point. Let's do that then.
  ☑ point 요점

....

12 내가 하는 말 이해하겠어요?

↳ **Do you see** what I'm saying?

....

전화영어 돌발 상황 표현

전화 통화, 간단히 용건만 말하고 끊고 싶지만... 그러기 어려운 경우가
많죠? 돌발상황에 쓸 수 있는 유용한 전화영어 표현이 많습니다. 먼저,
통신 상태가 좋지 않을 때 쓰는 표현들입니다.

You're **break**ing **up. Are you there**?
목소리가 끊겨요. 거기 계세요?

Could you **speak up** please?
더 크게 말씀해 주실래요?

The connection is **not good**.
연결 상태가 좋지 않네요.

다른 사람을 바꿔주거나, 바꿔달라고 해야 할 경우도 많은데요. 그럴 때
쓰는 표현들도 있습니다.

Hold on, please. Don't **hang up**.
잠시만 기다려주세요. 전화 끊지 마시고요.

Let me **put** you **through to** Mr. Johns.
존스 씨에게 연결해드릴게요.

Put your manager **on the phone**!
당신 윗사람 바꿔요!

How can I reach Mr. Johns?
존스 씨에게 어떻게 연락드리면 좋을까요?

Chapter 4

감정 표현할 때

8개 기초 동사면 영어로 원어민처럼 감정을 표현할 수 있다!

I **have** a bone to pick about your attitude.
네 태도에 대해 따질 것이 있어.

I've **had** enough of this!
참을 만큼 참았어!

Whoa, look. I **got** goosebumps.
워, 봐. 나 소름 돋았어.

I really **feel** out of sorts these days.
나 요즘 정말 기분이 안 좋아.

DAY 23

감정 표현할 때
have & look

have

430만번

'가지고 있다'라는 뜻의 쉬운 동사이지만, 'have a bone to pick 짚어낼 가시가 있다 → 따질 것이 있다' 등의 비유적인 감정 표현에서도 유용하게 쓰인다. 'have enough 충분히 겪다 → 질색이다'와 같은 표현에서는 '겪다'라는 뜻으로 쓰인다.

◐ 겪다

I've **had** enough of this!
이거 충분히 겪어왔다고(=참을 만큼 참았어)!

I see you're **having** a hard time at work.
너 직장에서 힘든 시간을 보내고 있는 건 알겠다.

◐ 가지고 있다

Can I **have** a word with you?
잠깐 당신과 한마디(=짧은 대화) 할 수 있을까요?

Can I **have** a minute?
잠시 시간 좀 가질 수 있을까요?

look

49.1만번

'보이다'라는 뜻의 동사. 상대의 얼굴이나 표현에서 드러나는 감정을 묘사할 때 유용하게 쓰인다. 'look upset 화나 보인다'와 같이 쓴다. '보다'라는 뜻으로 쓰일 땐, 'look back 되돌아보다, look up to ~를 존경하다'처럼 다양한 전치사와 쓰인다.

◐ 보다

My coworkers all **look** down on me.
내 동료들이 모두 날 깔봐(=업신여겨).

Look at this message from your wife.
당신 아내로부터 온 이 메시지 좀 보세요.

◐ ~하게 보이다

You **look** quite upset.
너 꽤 화나 보여.

It does **look** serious.
정말 심각해 보이네요.

Scene #1 확 때려치워?!

A Hey... 너 꽤 화나 보여.

B I am! My coworkers all **look down on me**.
참을 만큼 참았어!

A I see you're **having a hard time** at work.

B Yea. I really can't take it anymore! ● take = 참다 = stand
= put up with

A Just hang in there. Things will get better.

● Hang in there. 버텨.

해석 **A** 이봐... You look quite upset.
B 화나! 내 동료들이 모두 날 업신여겨.
I've had enough of this!
A 너 직장에서 힘든 시간을 보내고 있는 건 알겠다.
B 맞아. 난 정말이지 더 이상 참을 수가 없어!
A 그냥 버텨봐. 상황이 나아질 거야.

Scene #2 아내가 회사에 연락을?!

A Mr. Brown, **can I have a word with you**?

B Oh, yes. What is it?

A 당신 아내로부터 온 이 메시지 좀 보세요.
It looks like something serious happened. ● It looks like
~인 것 같다

B Oh, no. 정말 심각해 보이네요.
Can I have a minute?

해석 **A** 브라운 씨, 잠깐 당신과 대화 좀 할 수 있을까요?
B 오, 네. 무슨 일이시죠?
A Look at this message from your wife.
뭔가 심각한 일이 일어난 것 같아요.
B 오, 안 돼. It does look serious.
잠시 시간 좀 가질 수 있을까요?

have 문장 훈련 💬

- 겪다 have + 사건, 생각
- 가지고 있다 have + 무엇

---

01 다시 생각해보고 있니?

↳ Are you **having** second thoughts?

■ give a second thought to ~을 재고해보다
≒ sleep on ~ (하룻밤 자며) 생각해보다

....

02 참을 만큼 참았어! 자리를 뜨겠어!

↳ I've **had** enough of this! I'm leaving!

■ = Enough is enough. = That's enough. = I'm fed up with ~

....

03 걔는 아직도 나한테 앙심이 있대?

↳ Does he still **have** a grudge against me?

☑ grudge 앙심, 원한

....

04 여기 오다니 뻔뻔하기도 하구나.

↳ You **have** a lot of nerve coming here.

☑ nerve 신경; 뻔뻔스러움

....

05 우린 아직 갈 길이 멀어.

↳ We still **have** a long way to go.

....

06 네 태도에 대해 따질 것이 있어.

↳ I **have** a bone to pick about your attitude.

....

look 문장 훈련

◉ **보다** look + 다양한 전치사
◉ **~하게 보이다** look + 기분, 감정

---

07 제가 당신을 정말 우러러 보는 거 알죠?

↳ You know I really **look** up to you.

....

08 후회로 뒤돌아보지 마. 차라리 잘된 거야.

↳ Don't **look** back with regret. You're better off.

....

09 내가 순진해 빠졌다고? 사돈 남 말하네!

↳ I'm naïve? **Look** who's talking!

☑ naïve 순진해 빠진

....

10 너희 둘 정말 행복해 보인다. 잘되기를 빌어!

↳ You two **look** so happy. I wish you the best!

➕ be written all over *one's* face
(기분, 상태가) 얼굴에 다 쓰여 있다

....

11 휴식 좀 취하렴. 너 정말 지쳐 보여.

↳ Take a break. You **look** exhausted.

➕ = look wiped out = look beat

....

12 내가 그렇게 쉬워 보이니? 난 만만한 사람이 아냐.

↳ Do I **look** that easy? I'm no pushover.

☑ pushover 만만한 사람

....

감정 표현할 때
mean & put

mean

24.2만번

감정 표현할 때 '의도하다'라는 뜻으로 자주 쓰는 동사. 'I didn't meant to ~할 의도는 없었어, I mean it. 진심이야.' 등의 표현에서 쓰인다. '의미하다'라는 뜻으로는 'No means no. 싫다고 했잖아.'처럼 자기 말뜻을 분명히 할 때 쓰인다.

⊙ 의도하다

I didn't **mean** to upset you.
널 화나게 하려던 건 아니었는데.

I've been **meaning** to say thanks.
(그동안 쭉) 고맙다고 말하려 했어요.

⊙ 의미하다

It **meant** a lot to us.
그거 우리에게 의미가 컸어요.

I **mean** it.
난 그렇게 의미해(→진심이야).

put

23.7만번

'(어떤 방식으로) 말하다, 표현하다'라는 뜻으로 요긴하게 쓰는 동사. 'Simply put 간단히 말해서', 'put it mildly 부드럽게 표현하다'와 같이 쓴다. '두다'라는 기본적인 뜻의 put도 다양한 전치사와 함께 감정 표현을 만들어낼 수 있다.

⊙ 말하다

For **putting** in a good word for my team.
저희 팀에 대해 좋게 말해 준 거에 대해서요.

How shall I **put** it?
어떻게 말하면 좋을까?

⊙ ~에 두다

Let's just **put** it aside for now.
일단은 그건 그냥 제쳐 두자.

It **put** everybody in quite a good mood.
그게 모두를 꽤 기분 좋게 했거든요.

Scene #3 쿨하게 용서할게!

A Hey, I want to apologize for what I said.
널 화나게 하려던 건 아니었는데.

B OK. Let's just... **put it aside** for now.

A Huh? Are you sure? No hard feelings? ● hard feelings
힘든 감정 → 응어리

B Yea. **진심이야.** Apology accepted.

● Apology accepted. 사과 받아 줄게.

해석 A 이봐, 내가 했던 말에 대해 사과하고 싶어.
I didn't mean to upset you.
B 알겠어. 우리 그냥... 일단은 그건 제쳐 두자.
A 응? 정말로? 응어리 없는 거야?
B 그래. I mean it. 사과 받아 줄게.

Scene #4 소중한 말 한마디

A Helen, **I've been meaning to say** thanks.

B For what?

A **저희 팀에 대해 좋게 말해 준 거에 대해서요.**

B Oh, no sweat. You guys deserved it. ● No sweat. 별거 아니야.

A Thanks. It **meant a lot to us**.
그게 모두를 꽤 기분 좋게 했거든요.

해석 A 헬렌, (그동안 쭉) 고맙다고 말하려 했었어요.
B 무엇에 대해?
A For putting in a good word for my team.
B 오, 별거 아니야. 너흰 그럴 자격이 있었는걸.
A 고마워요. 우리에게 의미가 컸어요.
It put everybody in quite a good mood.

mean 문장 훈련 💬

- **의도하다** 누가 + mean
- **의미하다** mean + 무엇

---

01   '내 잘못이야'라고? 너 그거 정말 진심으로 하는 말이야?

   ↳ 'My bad'? Do you really **mean** that?
      ☑ My bad. 내 잘못이야.

....

02   미안해. 널 상처 주려던 건 절대 아니었어.

   ↳ I'm sorry. I never **meant** to hurt you.

....

03   상황이 이렇게까지 되기를 의도했던 건 아닌데.

   ↳ I didn't **mean** for things to go this far.

....

04   네가 정말 자랑스럽다. 진심이야.

   ↳ I am so proud of you. I **mean** it.
      ➕ I'm telling you. 정말이야, 믿어줘.   I swear. 맹세해.
      ☑ proud of *someone* ~를 자랑스러워하는

....

05   그저 네가 미안하다고 했다고 해서 우리가 괜찮은 건 아니야.

   ↳ Just because you said sorry doesn't **mean** we're okay.

....

06   그만해! 아니라면 아닌 거야.

   ↳ Knock it off! No **means** no.
      ☑ Knock it off! 그만해! = Cut it out!

....

110

put 문장 훈련

◉ **말하다** put + 내용 (+ 어떠하게)
◉ **~에 두다** put + 무엇 + 어디에

---

07 이런 식으로 말해보지: 아니라면 아닌 거야.

↳ Let me **put** it this way: no means no.

....

08 네가 그런 식으로 말하는 거 정말 싫어.

↳ I hate when you **put** it that way.

....

09 일단은 그냥 입을 다물 수 있겠니?

↳ Can you just **put** a lid on it for now?

 ➕ put a lid on it 뚜껑을 덮다 → 입을 다물다
  = Be quiet! 조용히 해! Shut up! 입 닥쳐!

....

10 넌 나를 기분 좋지 않게 하고 있어.

↳ You're **putting** me in a bad mood.

 ➕ put *someone* in a bad mood 누구를 나쁜 기분에 두다 → 나쁜 기분이 들게 하다

....

11 왜 넌 항상 남을 깎아내리니?

↳ Why do you always **put** others down?

 ➕ put *someone* down 누구를 아래에 두다 → 깎아내리다
  ↔ put in a good word for *someone*

....

12 나를 위해 시간을 좀 따로 내줘.

↳ Just **put** some time aside for me.

 ☑ aside 따로

....

111

feel

27.5만번

'~하게 느끼다'라는 뜻의 동사. 기분을 나타낼 때 자주 쓴다. 'feel sorry for ~에 대해 안타깝다고 느끼다'에서처럼 형용사와 쓸 수도 있지만, 'feel left out 배제되었다고 느끼다', 'feel down 울적한 기분이다'처럼 과거분사나 전치사와도 쓴다.

◎ ~하게 느끼다

I **feel** so nervous about this blind date.
이 소개팅이 정말 긴장돼.

You must **feel** so frustrated.
너 분명 참 답답한 기분이겠구나.

I **feel** like an idiot.
난 바보같이 느껴지지.
🔟 feel like 명사 = ~처럼 느끼다

get

99.2만번

'얻다'라는 뜻의 동사. 감정을 표현할 땐 'get cold feet 발이 차가워지다 → 초조해지다'처럼 어떤 기분이 든다는 뜻으로 쓸 수 있다. '되다'라는 뜻으로도 쓰이는데, 보통 'get mad 화나게 되다 → 화가 나다'와 같이 감정의 변화를 표현한다.

◎ (어떤 기분이) 든다

I just **get** cold feet every time.
난 그냥 매번 초조해져.

Whoa, look. I **got** goosebumps.
워, 봐. 나 소름 돋았어.

◎ 되다

I'm **getting** so stressed out.
난 스트레스에 너무 지쳐 가고 있어.

My boss **got** carried away again over nothing.
내 상사가 또 별것도 아닌 걸로 휩쓸려 갔어(→흥분했어).

Scene #5   파이팅, 솔로 탈출!

- **A** **이 소개팅이 정말 긴장돼.** ⊙ blind date 소개팅
- **B** Huh? Why?
- **A** **난 그냥 매번 초조해져.**

  So I say stupid things and I **feel like an idiot**.
- **B** Don't worry. You've got this. ⊙ You've got this. 넌 잘할 수 있어.

해석
- **A** I feel so nervous about this blind date.
- **B** 엥? 왜?
- **A** I just get cold feet every time.

  그래서 멍청한 말들을 하고 난 **바보같이 느껴지지**.
- **B** 걱정 마. 넌 잘할 수 있어.

Scene #6   우리 상사는 다혈질…

- **A** Hey, why the long face? ⊙ long face 우울한 얼굴
- **B** **난 스트레스에 너무 지쳐 가고 있어.**
- **A** What happened?
- **B** My boss **got carried away** again over nothing.
- **A** **Oh, 너 분명 참 답답한 기분이겠구나.**
- **B** Yeah... I burst into tears, again. ⊙ burst into tears 울음을 터트리다

해석
- **A** 이봐, 왜 우울한 표정이야?
- **B** I'm getting so stressed out.
- **A** 무슨 일인데?
- **B** 내 상사가 또 별것도 아닌 걸로 흥분했어.
- **A** 오, you must feel so frustrated.
- **B** 맞아... 나 또 울음을 터트렸지 뭐야.

113

feel 문장 훈련 💬

❱ **~하게 느끼다** feel + 감정, 기분

---

01 전 연인 트레버가 좀 안쓰럽네.

↳ I kind of **feel** sorry for my ex, Trevor.

☑ ex 전 연인

....

02 나 요즘 정말 기분이 안 좋아.

↳ I really **feel** out of sorts these days.

☑ out of sorts 기분이 안 좋은

....

03 이봐, 오늘 밤에 외출하고 싶지 않니?

↳ Hey, don't you **feel** like going out tonight?

➕ feel like -ing ~하고 싶은 기분이다

....

04 초조해 하지 마세요. 검사는 아프지 않을 거예요.

↳ Don't **feel** nervous. The checkup won't hurt.

☑ checkup 건강 검진, 검사
➕ Chill out. 진정해. = Calm down.

....

05 잠을 많이 못 잤어, 그래서 약간 피곤하다고 느껴.

↳ I didn't sleep much, so I **feel** a little tired.

....

06 네가 울적한 기분인 거 알아, 그래도 고개를 들어(→힘을 내).

↳ I know you **feel** down, but keep your chin up.

➕ = feel blue 울적하다

....

114

get 문장 훈련

◉ **(어떤 기분이) 든다** get + 느낌, 기분
◉ **되다** get + 상태

---

07 이 노래를 들을 때면 소름이 돋아.

↳ I **get** goosebumps when I hear this song.
☑ goosebumps 소름, 닭살

---

08 우리 둘 다 그 영화를 보고 오싹한 기분이 들었어.

↳ We both **got** chills watching that movie.
☑ chills 오한, 오싹함

---

09 그녀가 날 싫어한다는 느낌이 들지 않니?

↳ Don't you **get** the feeling that she hates me?

---

10 너무 긴장하지 마. 네 뒤는 우리가 맡았어(=지지해줄게).

↳ Don't **get** nervous. We've got your back.

---

11 그는 항상 별 이유도 없이 화를 내.

↳ He always **gets** upset for no reason.

---

12 미안해. 내가 또 흥분했네.

↳ Sorry. I **got** carried away again.
⊕ ≠ lose *one's* temper (흥분하며) 성질을 부리다
cf. have (got) a temper 성깔이 있다

DAY 26

감정 표현할 때
take & be

take

감정 표현에서는 무엇을 어떠하게 '받아들이다'라는 뜻으로 자주 쓰이는 동사. 'take ~ for granted ~을 당연시 여기다'가 대표적인 예이다. 어디로 '가지고 가다'라는 뜻도 있는데, 'take things out on ~에게 화풀이를 하다'와 같이 비유적으로 사용된다.

❷ **가지고 가다**

So, he's **taking** it out on us?
그래서, 그걸 우리한테 꺼내는(=화풀이하는) 거야?

You'd better **take** back what you said.
네가 한 말 다시 가지고 가는 게(=취소하는 게) 좋을 거야.

❷ **받아들이다**

He's always **taking** us for granted.
그는 언제나 우리를 주어진 것으로(→당연하게) 여겨.

It's all right. **Take** it easy.
다 괜찮아. 편하게 받아들여(→진정해).

be

'어떤 기분이다, 어떤 상황이다'라고 감정을 표현할 때 가장 쉽게 쓸 수 있는 동사이다. 전치사와 함께 '있다'라는 뜻으로 쓸 때에도, 'be in the doghouse 개집에 있다 → (아내나 연인의) 미움을 사다'와 같이 비유적으로 많이 쓰인다.

❷ **있다**

I **am** not in the mood for that.
내가 그럴 기분이 아냐.

He's in the doghouse with his wife.
그는 아내한테 미움을 샀어.

❷ **어떠하다, 무엇이다**

Why **is** he so pissed off?
왜 저렇게 열 받아 있는 거야?

I just don't want to **be** a party pooper...
그냥 분위기 깨는 사람 되고 싶지 않아서...

Scene #7 왜 나한테 화풀이야?!

A Hey, **what's wrong with Carl**? ◦ What's wrong with ~? ~ 왜 저래?

왜 저렇게 **열 받아 있는 거야**? ◦ pissed off 열 받은

B He**'s in the doghouse** with his wife.

A 그래서, 그걸 우리한테 화풀이하는 거야?

B Yea, he's always **taking us for granted**.

해석 A 이봐, 칼 왜 저래?
Why is he so pissed off?
B 그는 아내한테 미움을 샀어.
A So, he's taking it out on us?
B 응, 그는 언제나 우리를 당연하게 여기잖아.

Scene #8 너네들끼리 놀아···

A Hey! You're coming to my party, right?

B Sorry, 내가 그럴 기분이 아냐.

A Huh? **Are you alright**?
◦ down in the dumps 울적한

B Actually, I**'m down in the dumps** these days.
그냥 분위기 깨는 사람 되고 싶지 않아서...
◦ party pooper 분위기 깨는 사람

해석 A 얘! 너 내 파티에 오는 거지, 맞지?
B 미안, I am not in the mood for that.
A 응? 너 괜찮아?
B 사실, 내가 요즘 울적해.
I just don't want to be a party pooper...

117

take 문장 훈련 💬

◐ 가지고 가다 take + 무엇 + 어디
◐ 받아들이다 take + 무엇 + 어떻게

---

01   왜 그걸 나한테 화풀이하는 거야?

↳ Why are you **taking** it out on me?

....

02   그의 잘생긴 외모에 속아 넘어가지 마.

↳ Don't be **taken** in by his good looks.

☑ be taken in by ~에 의해 끌려 들어가다 → 속아 넘어가다

....

03   내가 한 말 취소할게. 네가 옳아.

↳ I **take** back what I said. You're right.

☑ take back 도로 가져가다 → (말 등을) 무르다, 취소하다

....

04   나를 뭐로 보는 거야? 무슨 바보인 줄 알아?

↳ What do you **take** me for? An idiot?

....

05   그들은 그저 나를 미숙한 꼬맹이로만 생각하더라고.

↳ They just **took** me for an immature kid.

☑ immature 미숙한

....

06   그 발언은 어떻게 받아들여야 하는 거야?

↳ How am I supposed to **take** that comment?

☑ be supposed to ~하기로 되어 있다, 해야 한다

....

be 문장 훈련

�𝇇 **있다** be + 기분, 상태
�𝇇 **어떠하다, 무엇이다** be + 감정, 상황

---

07   왜 그렇게 기분이 좋아?

↳ Why **are** you **in such a good mood**?

....

08   난 동물 실험에 전적으로 반대해.

↳ I'm **completely against** animal testing.
☑ completely 전적으로, 완전히

....

09   진정해. 세상 끝나는 거 아니야.

↳ Take it easy. It **is** not the end of the world.

....

10   네가 정말 자랑스러워. 네가 그걸 따낸 거야!

↳ I **am** so proud of you. You've earned it!
☑ earn (노력으로) 얻어 내다

....

11   인정하기 싫지만, 감명 받았네.

↳ I hate to admit it, but I **am** impressed.
◪ be touched[moved] 감동 받다

....

12   너 알 바 아니야. 날 좀 내버려 둬.

↳ It's none of your business. Get off my back.
◪ = Mind your own business. 네 일이나 신경 써.
☑ Get off my back. 내 등(back)에서 떨어져(off). → 내버려 둬.

....

119

'한마디' 감정 표현

비교적 간단하게 사용할 수 있는 감정 표현들을 알아봅시다.

칭찬 · 축하할 때

You've earned it!
네가 해냈어!

You deserve it.
넌 그것을 얻을 자격이 있어.

Good for you!
잘됐다!

Two thumbs up!
두 엄지 척! → 최고야!

사과 · 용서할 때

My bad.
내 잘못이야.

Fair enough.
괜찮아.

No offense.
악의는 없어.

No offense taken.
악의 못 느꼈어. → 괜찮아.

Nothing personal.
사적인 감정은 없어.

No harm done.
피해 없어. → 괜찮아.

위로할 때

Time heals all wounds.
시간이 약이야.

I'm sorry to hear that.
(그 소식을 듣게 되어) 유감이야.

Every cloud has a silver lining.
상황이 안 좋아도 좋은 면은 있기 마련이야.

It's not going to kill you.
그런다고 큰일 나지 않아.

Chapter 5

연애할 때

8개 기초 동사면 영어로 원어민처럼 연애할 수 있다!

He and I **had** great chemistry.
걔하고 나 궁합이 좋았어.

I was going to **make** a move on him.
나 걔한테 작업 걸려고 했어.

She **is** out of your league.
그녀는 너랑 노는 물이 달라.

He was **seeing** someone behind my back.
걔 나 몰래 누군가를 만나고 있었어.

연애할 때
go & see

go

115만번

'go out with ~랑 데이트(외출) 가다'라는 표현에서 가장 많이 접하게 되는 동사. 'go on a blind date 소개팅 하러 가다'처럼 다른 전치사와도 많이 쓴다. 둘의 관계나 사이가 어떻게 '되다, 풀리다'라는 뜻으로도 많이 쓰인다.

❯ 가다

We're **going** out on our first date tonight.
우린 오늘 밤 첫 데이트를 하러 나가.

We're **going** on our honeymoon today!
우린 오늘 신혼여행 가!

❯ (관계, 사이가) 되다, 풀리다

This relationship is not **going** well.
이 관계는 잘되어가지 않네.

I think the first date **went** badly.
첫 데이트가 잘 안된 것 같아.

see

66.3만번

DAY 13에서 '만나다'라는 뜻으로 배운 동사. 단순히 만난다는 뜻의 meet과는 달리, 누구와 '사귄다, 연애한다'라는 뉘앙스가 있다. 'see *someone* behind *one's* back 누구 몰래 다른 사람을 만나다'와 같이 쓸 수 있다.

❯ (연인으로) 만나다

I just started **seeing** someone.
이제 막 누굴 만나기 시작했어.

Let's start **seeing** other people.
우리 다른 사람을 만나기 시작하자.

You've already been **seeing** Karen behind my back!
너 이미 나 몰래 카렌이랑 만나고 있었잖아!

Scene #1   너 설마, 환승한 거니?

A   That's a nice dress.
    What's the occasion? ● What's the occasion? 웬일이야?

B   **이제 막 누굴 만나기 시작했어.**
    우린 오늘 밤 첫 데이트를 하러 나가.

A   Wait... Didn't you just break up with my brother?
    You really moved on fast. ● move on (이전 일을 잊고) 나아가다

해석   A   드레스 멋진걸. 웬일이야?
      B   I just started seeing someone.
         We're going out on our first date tonight.
      A   잠깐... 너 우리 형이랑 막 헤어지지 않았니?
         너 진짜 빨리 (잊고) 나아갔구나.

Scene #2   이 바람둥이 녀석!!

A   Sorry. **이 관계는 잘되어가지 않네.**
    Let's start **seeing other people**.

B   Let's 'start'? Please.
    너 이미 나 몰래 카렌이랑 만나고 있었잖아! ● behind one's back ~ 몰래

A   You knew about that?

B   Yes! Now I'm dumping you first. ● dump (연인을) 차다

해석   A   미안. This relationship is not going well.
         우리 **다른 사람**을 만나기 시작하자.
      B   '시작'하자고? 제발 (그런 헛소리 하지 말자).
         You've already been seeing Karen behind my back!
      A   그걸 알고 있었어?
      B   그래! 이제 내가 널 먼저 차버리겠어.

go 문장 훈련 💬

○ **가다** go + 다양한 전치사
○ **(관계, 사이가) 되다, 풀리다** 관계, 사이 + go

---

01 언젠가 나랑 데이트하러 나갈래?

↳ Would you **go** out with me sometime?

➕ ask *someone* out 누구에게 데이트를 신청하다

....

02 소개팅 나가는 거 관심 있니?

↳ Are you interested in **going** on a blind date?

☑ blind date 소개팅

....

03 이 관계 정확히 어디로 가고 있는 거야?

↳ Where exactly is this relationship **going**?

➕ 연애가 진지하고 깊이 있는 관계로 발전할지를 캐묻는 질문!

....

04 우리의 지난 싸움 이후로 상황이 악화됐어.

↳ Things **went** downhill after our last fight.

☑ downhill 내리막

....

05 에반과는 어떻게 되어가니?

↳ How are things **going** with Evan?

....

06 일이 잘 풀리지 않아서, 우린 헤어졌어.

↳ Things didn't **go** well, so we broke up.

☑ break up with ~와 헤어지다

....

see 문장 훈련

● **(연인으로) 만나다** see + 누구

---

07 너 아직 데이비드 만나고 있니?

↳ Are you still **seeing** David?

➕ see의 명사형은 'sight 사이트'
e.g. Out of sight, out of mind. 눈에서 멀어지면, 마음에서도 멀어진다.

....

08 우리 다른 사람을 만나는 게 좋을 것 같아.

↳ I think we should **see** other people.

....

09 그녀는 따로 어떤 남자를 만나고 있었어(=양다리였어).

↳ She was **seeing** some guy on the side.

☑ on the side 곁다리로

....

10 그는 나 몰래 누군가를 만나고 있었어.

↳ He was **seeing** someone behind my back.

➕ = cheat on (~를 속이고) 바람을 피우다
☑ behind *one's* back ~ 몰래

....

11 너 지금 누구 만나고 있는 사람 있니?

↳ Are you **seeing** anyone right now?

....

12 우리는 서로 사귄 지 5년이야.

↳ We've been **seeing** each other for 5 years.

....

DAY 28

get & give

get

99.2만번

'얻다'라는 뜻의 동사. 'Get a room. (아예) 방을 잡아라.', get one's number 누구의 번호를 따다'와 같은 표현들에서 쓰인다. 어떠하게 '되다'라는 뜻도 있는데, 보어뿐 아니라 'get to know someone 누구를 알게 되다'와 같이 to 부정사와도 쓴다.

◐ 얻다

You should **get** a room for your second date.
두 번째 데이트 때에는 방 잡아야겠네.

Can I **get** your number?
당신 번호를 얻을 수 있을까요?

◐ 되다

I **got** stood up twice.
난 두 번 바람 맞게 됐어.

I want to **get** to know him better.
난 그를 더 잘 알게 되고 싶어.

give

38.4만번

누구에게 무엇을 '주다'라는 뜻의 동사. 하지만, 단순히 물건을 건네준다는 문자적인 의미보다도, 'give someone a kiss 키스해주다, give someone a chance 기회를 주다'와 같이 비유적으로 더 많이 사용된다.

◐ 주다

He is **giving** me mixed signals.
그는 내게 뒤섞인 신호를 줘(→헷갈리게 해).

He **gave** me a kiss on the cheek!
그가 뺨에 뽀뽀를 해 줬어!

Please, **give** me one more chance.
제발, 내게 한 번만 더 기회를 줘.

Scene #3 — 네가 아깝다. 헤어져!

A Hey, are you still seeing that guy?

B Not sure... 그는 나를 헷갈리게 해.

A Huh? What do you mean?

B We were **getting along well**, but ⊙ get along well 잘 지내다
then 난 두 번 바람 맞았어. ⊙ stand up 바람 맞히다

A No way... You deserve a better guy!

해석
A 얘, 너 아직도 그 남자 만나니?
B 잘 모르겠어... He is giving me mixed signals.
A 응? 그게 무슨 말이야?
B 우린 잘 지내고 있었어, 근데
그러다 I got stood up twice.
A 말도 안 돼... 넌 더 좋은 남자를 만날 자격이 있어!

Scene #4 — 워, 진도가 빠른데?!

A How was your first date?

B Amazing. 그가 뺨에 뽀뽀를 해 줬어!

A Wow. 두 번째 데이트 때에는 방 잡아야겠네.

B No way! I want to **get to know him better**. ⊙ No way! 말도 안 돼!
I miss him already.

해석
A 첫 데이트 어땠니?
B 굉장했지. He gave me a kiss on the cheek!
A 와우. You should get a room for your second date.
B 말도 안 돼! 난 그를 더 잘 알게 되고 싶다고.
그가 벌써 보고 싶네.

get 문장 훈련 💬

❍ **얻다** get + 무엇
❍ **되다** get + 상태

---

01 산책 가서 신선한 바람 좀 쐬자.

↳ Let's go for a walk and **get** some fresh air.
  ☑ a walk 산책

....

02 윽. 여기서 그만 좀 껴안고 그래! 방을 잡아!

↳ Ugh. Stop cuddling here! **Get** a room!
  ☑ cuddle 가볍게 껴안다 *cf.* canoodle 부비며 애정표현하다

....

03 그 여자애 번호 따지 그래?

↳ Why don't you **get** that girl's number?

....

04 그는 다시 사귀길 원했어.

↳ He wanted to **get** back together.
  ☑ back 도로, 다시
  ➕ get together 함께하게 되다 → 합치다, 사귀다

....

05 커플들이 매년 결혼하고 이혼하지.

↳ Couples **get** married and divorced every year.
  ☑ married 결혼한, 기혼의   divorced 이혼한

....

06 왜 차려입는 거야?

↳ What are you **getting** dressed up for?
  ☑ dressed up 차려입은   suited up 정장을 입은 → 차려입은

....

128

give 문장 훈련 💬

진짜 네이티브 문장 들어보기

Track 56

◐ **주다** give + 누구 + 무엇

---

07 그녀는 내게 말 한마디도 하려 하지 않을걸.

↳ She wouldn't **give** me the time of day.

☑ give *someone* the time of day 시간을 알려주다 → 말을 좀 붙이다

....

08 너에게 내 마음을 주었는데, 넌 신경도 안 썼지.

↳ I **gave** you my heart, and you didn't give a damn.

➕ do not give a damn/shit 전혀 신경 쓰지 않다

....

09 그 얼간이에게 호되게 한마디 해줄 거야.

↳ I'm going to **give** that jerk a piece of my mind.

➕ You want a piece of me? 너 (주먹) 맛 좀 보고 싶어?

....

10 네가 그리워. 제발 내게 또 다른 기회를 줘.

↳ I miss you. Please **give** me another chance.

....

11 내가 널 차면 안 되는 좋은 이유를 하나라도 대봐.

↳ **Give** me one good reason why I shouldn't dump you.

☑ dump (연인을) 차버리다

....

12 그는 집에 돌아왔을 때 내게 큰 포옹을 해줬어.

↳ He **gave** me a big hug when he got home.

➕ hold ~ tight ~를 꽉 안아주다

....

연애할 때
find & have

find

39.5만번

'찾다'라는 뜻의 동사. 'find a nice guy 좋은 남자를 찾다, find a way to ~할 방법을 찾다'와 같이 쓴다. '알게 되다'라는 뜻으로도 자주 쓰이는데, 'find *someone* attractive 누가 매력적이라고 생각하게 되다, find out ~을 알게 되다'와 같이 쓴다.

◑ 알게 되다

You **find** him attractive?
너 그가 매력적이라고 생각한다고?

I **found** out about his new girlfriend.
나는 그의 새로운 여자 친구에 대해 알아냈어.

◑ 찾다

I will **find** a way to be his girlfriend!
난 그의 여자 친구가 될 방법을 찾겠어!

When will I **find** a nice guy?
언제 난 좋은 남자를 찾을까?

have

430만번

'가지고 있다'라는 뜻의 동사. 'have things in common 공통점이 있다, have good chemistry 궁합이 좋다'와 같이, 갖고 있는 자질을 묘사할 때 자주 쓴다. 어떤 감정을 '겪다'라는 뜻으로도 쓰는데, 'have a crush on ~에게 반하다'와 같이 쓴다.

◑ 가지고 있다

We **have** so much in common, too.
우린 공통점도 너무 많아.

He and I **had** great chemistry.
걔하고 나 궁합이 좋았어.

◑ 겪다

I **have** such a crush on Chris.
나 크리스에게 홀딱 반했어.

I don't **have** feelings for you.
난 네게 (연애) 감정 없어.

Scene #5 짚신도 짝이 있다더니…

A 나 크리스에게 홀딱 반했어.

I can't take my eyes off him. ⊙ can't take eyes off 계속 바라보게 되다

B Seriously? 너 그가 매력적이라고 생각한다고?

A Yes! We **have so much in common**, too.

B Ah... whatever... **Every Jack does have his Jill**.

A And I will **find a way to be his**! ⊙ Every Jack has his Jill.
짚신도 짝이 있다.

해석 A I have such a crush on Chris.
그에게서 눈을 뗄 수 없다니까.

B 진심이야? You find him attractive?

A 응! 우린 공통점도 정말 많아.

B 아… 뭐라니… 정말 짚신도 짝이 있나 보다.

A 그럼 난 그의 짝[Jill]이 될 방법을 찾겠어!

Scene #6 나쁜 남자한테 끌리나…?

A 언제 난 좋은 남자를 찾을까?

B Never? You **have terrible taste** in men. ⊙ taste 취향

A Hey! Tom was good!

걔하고 나 궁합이 좋았다고. ⊙ chemistry 궁합

B But, he also 'had' an affair. ⊙ affair 불륜

A Oh... yea... I guess I **have a thing for jerks**.

해석 A When will I find a nice guy?

B 절대로 못 찾을걸? 넌 남자 **취향**이 끔찍하잖아.

A 야! 톰은 괜찮았어!

He and I had great chemistry.

B 하지만, 걔 불륜도 했잖아.

A 오… 맞아… 나는 얼간이들에게 뭔가 있나 봐(→끌리나 봐).

find 문장 훈련

◉ **알게 되다** find + 누구 + 어떠하다   find out + 몰랐던 사실
◉ **찾다** find + (누구) + 무엇

---

01   솔직히, 난 그가 좀 지루하다고 생각해.

↳ Honestly, I **find** him rather boring.

....

02   오직 케이트만이 그가 매력적이라고 생각해.

↳ Nobody but Kate **finds** him attractive.

☑ nobody but ~외에는 그 누구도

....

03   그의 불륜에 대해서는 어떻게 알게 된 거야?

↳ How did you **find** out about his affair?

☑ affair 불륜

....

04   우린 이 관계가 잘되도록 할 방법을 찾을 수 있어.

↳ We can **find** a way to make this work.

☑ make *something* work ~이 잘되도록 하다, ~을 성사시키다

....

05   진짜 내게 괜찮은 데이트 상대 찾아 줄 거야?

↳ Are you really going to **find** me a nice date?

☑ set[fix, hook] *A* up with *B*   A를 B와 엮어 주다

....

06   정말, 왜 난 멀쩡한 남자를 찾을 수 없는 걸까?

↳ Seriously, why can't I **find** a decent guy?

☑ decent 괜찮은, 멀쩡한

....

● **가지고 있다** have + 자질
● **겪다** have + 감정

---

07 우린 공통점이 전혀 없는 거 같아.

↳ I think we **have** nothing in common.

☑ in common 공통으로, 마찬가지로

....

08 짚신도 짝이 있다지만 넌 내 짝이 아니야.

↳ Every Jack **has** a Jill. But you're not mine.

....

09 너 정말 금발인 사람에게 끌리는구나.

↳ You really **have** a thing for blondes.

☑ a blonde 금발인 사람

....

10 걔네들 처음부터 궁합이 굉장했어.

↳ They **had** amazing chemistry from the start.

➕ ≒ They instantly clicked. 그들은 바로 맞았어(=통했어).

....

11 내 친구 데이브에게 연애 감정이 있어.

↳ I **have** feelings for my friend Dave.

➕ ≒ be in love with ~를 사랑하고 있다

....

12 나 그에게 반한 거 같아.

↳ I think I **have** a crush on him.

➕ ≒ fall in love with ~와 사랑에 빠지다

....

연애할 때
make & be

make

85.7만번

'만들다, 해내다'라는 뜻의 동사로 앞서 배웠다. 연애 맥락에서는 'make a move on ~에게 작업을 걸다, make out 진하게 키스·스킨십하다, make it up to ~에게 보상해주다, 만회하다'와 같이 다양한 구동사로 많이 사용된다.

> ### 다양한 구동사들

I was going to **make a move on** him.
나 걔한테 작업 걸려고 했어.

We'll be **making out** in no time.
우린 금세 진하게 스킨십하고 있을 거라고.

I'll **make it up to** you later. I promise!
내가 나중에 (만회하기 위해) 잘해줄게. 약속해!

be

1254만번

'어떠하다, 무엇이다'라는 뜻의 동사. 상대에 대해 'be not *one's* type ~의 타입이 아니다, be a keeper/good catch 사귈 만한 사람이다'와 같이 묘사할 때 유용하게 쓸 수 있다. 전치사가 쓰인 관용 표현도 많으니 알뜰히 익혀 두자.

> ### 어떠하다, 무엇이다

He**'s** through with her.
그는 그녀와 끝났어.
❿ through 다 지나간 → 끝난

You**'re** not my type.
넌 내 타입이 아냐.

She **is** way out of your league.
그녀는 네 수준 너무 밖에 있는데(→노는 물이 완전 다른데).

Scene #7   나… 나도 한가한데…

A Hey, **is Jon still into Kate**?

B Oh, no. He**'s through with her** now.

A Oh, good... 나 걔한테 작업 걸려고 했어.

B You know, I**'m available**, too!   ● available 한가한, 사귈 수 있는

A Nice try, but 넌 내 타입이 아냐.   ● Nice try! 시도는 좋네(=꿈 깨)!

해석   A 이봐, 존 아직도 케이트한테 빠져 있니?
       B 아, 아니. 지금은 그녀와 끝을 맺었어.
       A 오, 좋아... I was going to make a move on him.
       B 있잖아, 나도 한가하다고!
       A 시도는 좋았지만 you're not my type.

Scene #8   나도 먹히는 얼굴이라고~

A Hey, did you see that girl over there?
  She could **be the girl of my dreams**.

B **No offense.**   ● No offense. (부정적인 말 앞에) 악의는 없어.
  But, 그녀는 너랑 노는 물이 완전 다른데.

A Hey! I**'m a good catch** too.   ● a good catch 괜찮은 애인감
  You'll see. 우린 금세 진하게 스킨십하고 있을 거라고.

해석   A 야, 저기 있는 저 여자애 봤냐?
       내 꿈속의 여자(=이상형)일지도 모르겠는데.
       B 악의는 없어.
       하지만, she is way out of your league.
       A 야! 나도 괜찮은 남친감이라고.
       두고 봐. We'll be making out in no time.

135

make 문장 훈련 💬

● **다양한 구동사들** make + 전치사, 부사

---

01   너랑 리즈가 영화관에서 진하게 스킨십했다고? 말도 안 돼!

↳ You and Liz **made** out at the movies? No way!

....

02   리한테 작업을 걸었다고? 어떻게 됐어?

↳ You **made** a move on Lee? How did that go?

    ➕ make a move on ~에게 작업을 걸다 = flirt with, hit on, come on to

....

03   난 너희가 천생연분이라고 생각해.

↳ I think you guys are **made** for each other.

    ➕ = be perfect for each other = be meant to be together

....

04   미안해. 네게 어떻게든 보상할게.

↳ I'm sorry. I'll **make** it up to you somehow.

    ☑ somehow 어떻게든

....

05   너희들은 정말 하늘에서 맺어진 짝이구나!

↳ You guys really are a match **made** in heaven!

    ☑ a match 짝

....

06   우린 항상 어떻게든 서로와 화해해 왔어.

↳ We have always **made** up with each other somehow.

....

be 문장 훈련

● **어떠하다, 무엇이다** be + 보어

---

07 날 믿어, 그녀는 너랑 노는 물이 달라.

↳ Believe me, she **is** out of your league.

....

08 너랑 잭 드디어 사귀는 거니?

↳ **Are** you and Jack finally **together**?

➕ = be an item 커플이다

....

09 그녀하고는 첫눈에 반한 사랑이었지.

↳ It **was** love at first sight with her.

....

10 롭? 그 남자는 선수야, 연애감은 아니라고.

↳ Rob? That guy **is** a player, not a keeper.

➕ a head-turner 매력적인 사람   a total stud 매력적인 남자(=훈남)

....

11 그건 그저 불장난이었다고! 아무 의미 없어.

↳ It **was** just a fling! It meant nothing.

☑ a fling 잠깐의 불장난   *cf.* one-night stand 하룻밤 잠자리

....

12 네가 정말 너무 좋아서 믿겨지지 않아.

↳ You **are** just too good to be true.

☑ too good to be true 사실이라기엔 너무 좋은
   cf. too ~ to ~ ~하기엔 너무 ~한

....

137

유용한 회화 표현 '~해줘' 주다 패턴

아래와 같은 구조의 문장들은 항상 '누구에게 무엇을 주다'라는 뜻으로 쓰이는데요. 이게 바로 학창시절 '4형식'으로 배운 '주다' 패턴입니다.

Give me a beer.
맥주 하나 주세요.

Get me some tissue.
티슈 좀 갖다주세요.

그런데 생각보다 다양한 동사를 '주다' 패턴으로 써먹을 수 있습니다. 단순히 물건을 '준다'라는 뜻뿐만 아니라, 무엇을 '해주다, 해서 넘겨주다'라는 의미의 표현으로 쓸 수 있는 것이죠.

Open me a beer.
맥주 하나 따주세요.

Keep me a seat.
자리 하나 지켜줘.

Make me an omelette.
오믈렛 하나 만들어줘.

Sing me a song.
나 노래 하나 불러줘.

Slice me just one piece of cake.
케이크 딱 한 조각만 잘라주라.

골치 아프게 4형식 동사라고 따로 외우지 말고, 자유롭게 알고 있는 동사들을 '누구에게 무엇을 해주다'라는 패턴에서 활용해보세요. 만들 수 있는 문장도 많아지고, 자신감도 확 늘 거예요!

더 다양한 문장 패턴이 궁금하다면?

지금 온라인 서점에서
[매일 10분 기초 영어 패턴의 기적] 을
만나보세요!

기초 동사 활용
한눈에 보기

"생활영어"
26개 동사로
마무리!

get

Chapter1	**일상생활에서 1**	일상생활

1 얻다
I didn't **get** a wink of sleep.
나는 한숨도 못 잤어.

2 ~하게 하다
Don't **get** me started on my brother.
남동생 얘기는 꺼내게 하지도 마.

3 이르다, 가다
My wife just **got** home.
아내가 막 집에 왔어.

4 되다
I've **gotten** used to it now.
이제 그거엔 익숙해졌지.

I just **got** tired of all this housework.
난 그저 이 모든 집안일에 지쳤어.

5 이해하다
I don't **get** it.
이해가 안 돼.

Don't **get** me wrong.
나를 오해하지 말아줘.

6 구해다주다
Would you **get** me a towel?
내게 수건 좀 갖다줄래?

Chapter3	**사무실에서**	직장생활

1 가지고 있다
I've **got** a family emergency.
집에 급한 일이 있어요.

I've **got** bigger fish to fry.
지금 더 중요한 일이 있어.

2 연락을 하다 · 받다
I **got** a call on the other line.
다른 전화가 또 왔네요.

Hey, you! New guy! **Get** the phone!
야, 너! 신참! 전화 받아!

3	~하게 하다	He **got** me to work overtime this week. 그가 나를 이번 주에 초과 근무하게 했어.
4	이르다, 가다	I'll **get** back to you after lunch. 점심시간 후에 너에게 다시 연락할게.
5	되다	Will I **get** fired too? 저도 해고되나요? You will **get** promoted. 자네는 승진될 거야.
6	이해하다	I'm **getting** the hang of this job. 나 이 일의 요령을 알아가고 있어.

Chapter4 감정 표현할 때 　　　　　　　　 감정표현

1	(어떤 기분이) 든다	I just **get** cold feet every time. 난 그냥 매번 초조해져. Whoa, look. I **got** goosebumps. 워, 봐. 나 소름 돋았어. I **got** chills watching that movie. 나는 그 영화를 보고 오싹한 기분이 들었어.
2	되다	I'm **getting** so stressed out. 난 스트레스에 너무 지쳐 가고 있어. Sorry. I **got** carried away again. 미안해. 내가 또 흥분했네.

Chapter5 연애할 때 　　　　　　　　 연애표현

1	얻다	Can I **get** your number? 당신 번호를 얻을 수 있을까요?
2	되다	I **got** stood up twice. 난 두 번 바람 맞았어.

be

1254만번

Chapter1 **일상생활에서 1**   일상생활

1 **어떠하다,
  무엇이다**

I'm not a quitter.
난 중간에 포기하는 사람이 아니지.

Jim said **I'm** a pushover!
짐이 날 만만한 사람이라고 했어!

He **is** not a people person.
그는 사람들과 잘 어울리는 사람이 아냐.

---

2 **전치사와 쓰인
  관용표현**

I'm in!
나도 낄게!

You **are in** good **shape**.
너 건강해 보인다.

---

3 **과거분사와 쓰인
  관용표현**

I'm stuck in heavy traffic.
혼잡한 도로에 갇혔어.

My lips are sealed.
비밀 지킬게.

I'm flattered.
과찬이야.

Chapter2 **일상생활에서 2**   일상생활

1 **be sure to
  확실히 ~하다**

Be sure to watch your language.
말조심하도록 해.

---

2 **be about to
  ~하려는 참이다**

I **was** just **about to** call you!
지금 막 네게 전화하려던 참이었는데!

---

3 **be (all) about
  ~ 위주이다**

He**'s all about** courtesy.
그는 예의범절을 제일 중요시해.

What **is** this **all about**?
이게 다 뭐 때문에 그러는 거야?

142

1 **어떠하다,
무엇이다**

I'**m** good with computers.
저는 컴퓨터를 잘해요.

It'**s** all Greek to me.
하나도 모르겠어.

2 **어디에 있다,
언제이다**

We'**re** behind schedule.
우린 일정에 뒤쳐져 있어.

We **are** on the right track.
우린 잘하고 있어.

1 **있다**

I **am** not in the mood for that.
그럴 기분 아냐.

He'**s** in the doghouse with his wife.
그는 아내한테 미움을 샀어.

2 **어떠하다,
무엇이다**

Why **is** he so pissed off?
왜 저렇게 열받아 있는 거야?

I'**m** completely against animal testing.
난 동물 실험에 전적으로 반대해.

1 **어떠하다,
무엇이다**

You'**re** not my type.
넌 내 타입이 아냐.

He'**s** through with her.
그는 그녀와 끝났어.

She **is** way out of your league.
걔는 너랑 노는 물이 완전 다르지.

take

67만번

1 취하다, 가지다

I'll just **take** a rain check.
그냥 다음을 기약할게.

There's no rush, so **take** your time.
서두를 것 없어, 그러니 시간을 갖도록 해.

2 (행동을) 하다

Just **take** a walk with him.
걔랑 산책이라도 해.

Guys! **Take** a look at this movie poster!
얘들아! 이 영화 포스터 좀 봐!

Take a deep breath and calm down.
심호흡하고 진정해.

3 ~로 데려가다

Let me **take** you there sometime.
언젠가 널 그곳에 데려갈게.

4 받아들이다

Don't **take** it too seriously.
그걸 너무 진지하게 받아들이지 마.

You'd better not **take** her for granted.
그녀를 당연하게 여기지 않는 게 좋을 거야.

1 취하다, 가지다

Jack **took** over the project.
잭이 그 프로젝트를 인계받았어요.

She **took** a month off for maternity leave.
그녀는 한 달 간 출산 휴가를 냈다.

2 시간이 들다

It will **take** a few days of overtime.
초과근무 시간이 며칠 들겠네요.

The meeting **took** over an hour.
회의는 한 시간 이상이 걸렸다.

1 **가지고 가다**   Why are you **taking** it out on me?
왜 그걸 나한테 화풀이하는 거야?

I **take** back what I said. You're right.
내가 한 말 취소할게. 네가 옳아.

2 **받아들이다**   It's all right. **Take** it easy.
다 괜찮아. 편하게 받아들여(→진정해).

What do you **take** me for? An idiot?
나를 뭐로 보는 거야? 무슨 바보인 줄 알아?

go

115만번

Chapter1 **일상생활에서 1**   일상생활

1 **가다**   Can you **go** for a drink tonight?
오늘 한잔 하러 갈 수 있어?

2 **되어 버리다**   She will **go** crazy!
그녀가 미친 듯 화를 낼 거야!

3 **(일 등이)
되어가다**   How did it **go** with Kate?
케이트랑 어떻게 됐어?

Chapter3 **사무실에서**   직장생활

1 **가다**   I'm **going** on a business trip.
나는 출장을 간다네.

2 **(일이) 되다,
(일을) 하다**   How did the interview **go**?
인터뷰 어떻게 됐어?

They usually **go** by the book.
그들은 보통 원칙대로 하거든.

1	**가다**	We're **going** on our honeymoon! 우린 신혼여행 가!
		Would you **go** out with me sometime? 언제 나랑 데이트하러 나갈래?
2	**(관계, 사이가) 되다, 풀리다**	I think the first date **went** badly. 첫 데이트가 잘 안된 것 같아.

have

430만번 ■

1	**가지고 있다**	Jack **has** a weird sense of humor. 잭은 이상한 유머 감각이 있어.
		Believe me. I **have** what it takes. 날 믿어. 난 필요한 자질을 갖고 있다고.
2	**겪다**	I'm **having** a hard time with Tim. 팀 때문에 고생 좀 하고 있어.

1	**겪다**	I've **had** enough of this! 이거 충분히 겪어왔다고(=이젠 질렸어)!
		Does he still **have** a grudge against me? 걔는 아직도 나한테 앙심이 있대?
2	**가지고 있다**	I **have** a bone to pick with you. 너에게 따질 것이 있어.
		You **have** a lot of nerve coming here. 여기 오다니 뻔뻔하기도 하구나.

1 **가지고 있다**

We **have** so much in common, too.
우린 공통점도 많아.

You really **have** a thing for blondes.
너 정말 금발인 사람에게 끌리는구나.

2 **겪다**

I don't **have** feelings for you.
난 네게 (연애) 감정 없어.

I think I **have** a crush on him.
나 그에게 반한 거 같아.

make

85.7만번

1 **만들다**

Tim wants to **make** up for last night.
팀이 어젯밤 일을 만회하고 싶어 해.

Thanks, you **made** my day!
고마워, 네 덕에 하루가 행복해졌네!

How do you **make** your living?
어떤 일을 하시나요?

2 **(행동을) 하다**

Everyone **makes** mistakes.
누구나 실수를 하지.

You **made** it!
네가 해냈어!

3 **~하게 시키다**

What **made** you stay up all night?
무엇이 너를 밤새우게 만들었니?

1 **~하게 하다**　　　　Let's **make** it happen by COB today.
오늘 업무 종료 시까지 그것을 되게 합시다.

Did I **make** myself clear?
내 말뜻 분명히 이해했겠지?

2 **만들어내다,**　　　　I said "**make** big profits."
해내다　　　　　　난 '큰 수익을 만들라'고 말했네.

Whew. We barely **made** the deadline.
휴. 우리 간신히 마감일을 맞췄네.

1 **다양한 구동사들**　I was going to **make** a move on him.
나 걔한테 작업 걸려고 했어.

We **made** out at the movies.
우린 영화관에서 진하게 스킨십했지.

They finally **made** up with each other.
걔네 결국 서로와 화해했대.

see

66.3만번

1 **만나다**　　　　　Long time no **see**.
오랜만이야.

Whoa, you need to **see** a doctor.
우워, 너 병원에 가야겠다.

2 **알다, 이해하다**　OK. I'll **see** what I can do.
알았어. 내가 뭘 할 수 있는지 알아볼게.

1 **보다**   I don't **see** my stapler.
                           내 스테이플러가 안 보이네.

                           I did not **see** that coming.
                           그렇게 될지 예상치 못했어.

2 **알다, 이해하다**   I don't **see** why they don't fire him.
                           왜 그를 해고하지 않는지 이해가 안 돼.

                           I **see** your point.
                           당신 요점을 알겠어요.

1 **(연인으로)**   I just started **seeing** someone.
   만나다   이제 막 누굴 만나기 시작했어.

                           He was **seeing** someone behind my
                           back.
                           그는 나 몰래 누군가를 만나고 있었어.

do

257만번

1 **하다**   Please, **do** this homework for me.
                           제발, 날 위해 이 숙제를 해줘.

                           What do you **do** for a living?
                           직업이 무엇인가요?

2 **끝내다**   I'm **done** with my term paper.
                           학기말 리포트 끝냈어.

                           Hey, wait! I'm not **done** yet!
                           이봐 기다려! 내 얘기 아직 안 끝났다고!

1 **하다**

I can **do** better.
더 잘할 수 있습니다.

No can **do**. I'm not **doing** your job.
못 해. 네 일을 해주진 않을 거야.

2 **끝내다**

I'll be **done** by Thursday.
목요일까지는 끝날 겁니다.

I'm finally **done** writing my report.
마침내 보고서 쓰는 걸 마쳤어.

Did you see that? That's how it's **done**.
봤지? 바로 이렇게 하는 거야.

look

49.1만번

1 **보다**

Look who's finally here!
여기 마침내 누가 왔는지 좀 봐!

I'm **looking** forward to seeing you.
널 만날 것을 기대하고 있어.

2 **~하게 보이다**

How do I **look** in this dress?
이 드레스 입으면 어때 보여?

1 **보다**

You know I really **look** up to you.
제가 당신을 정말 우러러 보는 거 알죠?

I'm naïve? **Look** who's talking!
내가 순진해 빠졌다고? 사돈 남 말하네!

~하게 보이다

You **look** quite upset.
너 꽤 화나 보여.

Do I **look** that easy? I'm no pushover.
내가 그렇게 쉬워 보이니? 난 만만한 사람이 아냐.

find

39.5만번

| Chapter2 | 일상생활에서 2 | 일상생활 |

1 **알게 되다**

I **found** out my exam is tomorrow.
시험이 내일인 걸 알게 됐어.

I **found** you staying home too much.
네가 너무 많이 집에 머문다는 걸 알게 됐어.

I **find** kids these days to be rude.
나는 요즘 아이들이 버릇없다고 생각해.

2 **찾다**

I couldn't **find** your house.
너희 집을 찾을 수 없었어.

I couldn't **find** my way out of campus.
난 캠퍼스 밖으로 나가는 길을 찾을 수 없었어.

| Chapter5 | 연애할 때 | 연애표현 |

1 **알게 되다**

You **find** him attractive?
너 그가 매력적이라고 생각한다고?

How did you **find** out about his affair?
그의 불륜에 대해서는 어떻게 알아낸 거야?

2 **찾다**

I will **find** a way to be his girlfriend!
난 그의 여자 친구가 될 방법을 찾겠어!

You are going to **find** me a nice date.
넌 내게 괜찮은 데이트 상대를 찾아 줄 거야.

keep

| | Chapter2 일상생활에서 2 | 일상생활 |

1 계속 갖고 있다

She can't **keep** secrets.
걔는 비밀을 지키질 못해.

I'll **keep** that in mind.
그 점 명심할게.

He's not good at **keeping** his promises.
그는 약속을 잘 지키질 못해.

2 계속 ~하게 하다

Just **keep** it simple.
그냥 간단하게 해.

I'd **keep** things to myself next time.
나라면 다음에는 그런 것들은 나만 알고 있겠어.

Don't worry. I'll **keep** my eye on him.
걱정 마. 계속 그를 지켜볼게.

| | Chapter3 사무실에서 | 직장생활 |

1 계속 ~하게 하다

Keep me posted on your progress.
자네 진행 상황에 대해 계속 알고 있게 해주게.

We **kept** the news from our boss.
우리는 상사에게서 그 소식을 숨겼어.

Keep this to yourself.
너만 알고 있어.

2 지속하다, 고수하다

Let's just **keep** to the original plan.
그냥 원래 계획대로 합시다.

Good job! **Keep** up the good work.
잘했어! 계속 잘해주거나.

I will **keep** working on this project.
전 계속 이 프로젝트 업무를 계속하고 있을게요.

put

23.7만번

1 ～에 두다

I put my phone on mute.
핸드폰을 무음으로 해놨어요.

Put me through to Mr. Smith.
저 스미스 씨에게 전화 돌려주세요.

He **puts** everything off for days!
걔 하는 일마다 며칠씩 미루잖아!

1 말하다

I hate when you **put** it that way.
네가 그런 식으로 말하는 거 정말 싫어.

How shall I **put** it?
어떻게 말하면 좋을까?

2 ～에 두다

You're **putting** me in a bad mood.
넌 나를 기분 좋지 않게 하고 있어.

Why do you always **put** others down?
왜 넌 항상 남을 깎아내리니?

tell

38.8만번

1 말해주다

My husband **told** me to dye it back.
내 남편은 다시 원래대로 염색하라고 말했어.

Don't **tell** me you are not ready yet.
설마 아직 준비가 덜 됐다는 건 아니겠지.

I'll **tell** you what, let's hit the road!
있잖아, 길을 나서자!

Will this work out? Only time will **tell**.
이게 될까? 시간만이 말해주겠지.

2 **알아보다**

I tried a heel lift. Can you **tell**?
키높이 깔창을 신어 봤어. 티 나?

I can barely **tell** the difference.
차이를 거의 알아보지 못하겠어.

Tell me everything you know.
네가 아는 걸 전부 내게 말해줘.

give

38.4만번

1 **주다**

Let's **give** her a big hand.
그녀에게 큰 박수 주시죠.

Would you **give** me a ride?
나를 태워주겠니?

Give me a hand with my paper.
리포트 쓰는 데 손 좀 보태줘.

Give me a break!
좀 내버려 둬!

1 **주다**

He **gave** me a kiss on the cheek!
그가 뺨에 뽀뽀를 해 줬어!

She wouldn't **give** me the time of day.
그녀는 말 한마디도 하려 하지 않을걸.

154

work

31.8만번

1 **일하다**

You **worked** overtime last night, too!
당신 어젯밤에도 초과 근무했잖아!

Give me a minute. I'm **working** on it.
일 분만 주세요. 그거 하는 중입니다.

I **work** in the accounting department.
나는 회계부에서 일해.

2 **작동하다**

We fix anything that doesn't **work**.
우린 작동하지 않는 건 다 고쳐.

The printer **works** fine now.
프린터기 지금은 잘 작동해.

call

30.8만번

1 **전화하다**

Can I **call** you back tomorrow?
내일 다시 전화드려도 될까요?

She **called** in sick to rest at home.
그녀가 집에서 쉬려고 병가를 냈어.

2 **~라고 부르다**

Just **call** me Deb.
그냥 뎁이라고 불러줘요.

You **call** that 'urgent'?
그걸 '긴급하다'고 하시는 거예요?

Let's just **call** it a day.
오늘은 이만 마치자.

ask

 28.4만번

1 **요청하다**

You can always **ask** me for help.
넌 언제나 내게 도움을 요청할 수 있어.

I want to **ask** you for a favor.
너에게 부탁 하나를 하고 싶은데.

He's not **asking** for the moon, is he?
그가 무리한 걸 요구하는 건 아니잖아, 안 그래?

2 **물어보다**

Can I **ask** you something?
너에게 뭐 좀 물어봐도 될까?

If you **ask** me, he's a good guy.
내 생각에는, 그는 좋은 사람이야.

mean

 24.2만번

1 **의도하다**

I didn't **mean** to upset you.
널 화나게 하려던 건 아니었는데.

'My bad'? Do you really **mean** that?
'내 잘못이야'라고? 너 그거 진심으로 하는 말이야?

2 **의미하다**

I **mean**... I'm kind of tired.
내 말은… 내가 좀 피곤하다고.

I am so proud of you. I **mean** it.
네가 정말 자랑스럽다. 진심이야.

Knock it off! No **means** no.
그만해! 아니라면 아닌 거야.

leave 24만번

1 **남겨두다**

Leave her a note.
그녀에게 메모 남겨둬요.

Would you like to **leave** a message?
메시지를 남기길 원하시나요?

Don't worry. Just **leave** it to me.
걱정 마. 그 일은 그냥 내게 맡겨 둬.

2 **떠나다**

I have to **leave** early today.
저 오늘 일찍 자리를 떠야 해요.

He's **leaving** the company soon.
그는 곧 회사를 떠나요.

I have to **leave** for a doctor's appointment.
진료 예약 때문에 자리를 떠야 해요.

happen 18.2만번

1 **일어나다**

That will never **happen**.
그런 일은 절대 일어나지 않을걸.

Never mind. Accidents **happen**.
신경 쓰지 마. 그럴 수도 있지.

2 **우연히
~하게 되다**

I **happened** to see Bob yesterday.
나 어제 우연히 밥을 만났어.

If you **happen** to be in town, just swing by.
동네에 오게 되면, 그냥 잠깐 들러.

know

 89.2만번

Chapter2 일상생활에서 2	일상생활

1 **알다**

Trevor? I **know** him like a book.
트레버? 난 그를 속속들이 알지.

Don't act like a **know**-it-all.
다 아는 것처럼 행동하지 마.

---

feel

27.5만번

Chapter4 감정 표현할 때	감정표현

1 **~하게 느끼다**

I **feel** like an idiot.
난 바보같이 느껴지지.

I really **feel** out of sorts these days.
나 요즘 정말 기분이 안 좋아.

---

say

19.1만번

Chapter2 일상생활에서 2	일상생활

1 **말하다**

You're just **saying** that!
말만 그렇게 하는 거지!

Don't **say** a word.
입도 뻥긋하지 마.

You can **say** that again!
네 말에 동감해!

talk

 22.9만번

| Chapter3 사무실에서 | 직장생활 |

1 **이야기하다**

Can I **talk** to the person in charge?
담당자에게 이야기할 수 있을까요?

Yes! That's what I'm **talking** about.
맞아! 내 말이 그거야.

want

 51.4만번

| Chapter2 일상생활에서 2 | 일상생활 |

1 **~하고 싶다**

I **want** to have pizza all week.
난 일주일 내내 피자를 먹고 싶어.

set

 12.7만번

| Chapter2 일상생활에서 2 | 일상생활 |

1 **정하다**

Let's **set** a date.
날짜를 정하자.

26개 왕기초 동사로 가장 많이 쓰는
상황별 생활영어 표현 정복!

매일 10분
기초 영어회화의 기적 -생활영어 편-
영어표현이 보이고
생활영어가 된다!

1st edition   April, 2018

2019 edition   March, 2019

저자   키 영어학습방법연구소

펴낸이   김기중

펴낸곳   ㈜키출판사

전화   1644-8808   /   **팩스**   02)733-1595

등록   1980. 3. 19.(제16-32호)

ISBN 979-11-88808-19-9 (14740)